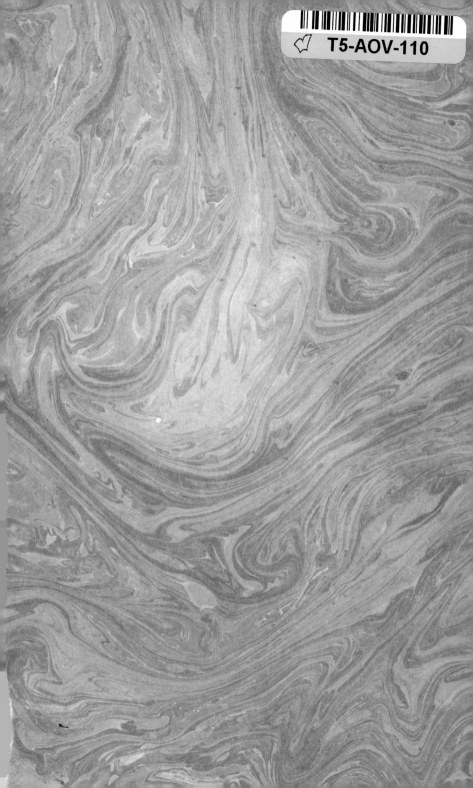

KAFKA

Colección
Grandes Biografías

© EDIMAT LIBROS, S.A.
C/ Primavera, 35 Pol. Ind. El Malvar
Arganda del Rey - 28500 (Madrid) España
www.edimat.es

Título: *Kafka*
Diseño de cubierta: *Juan Manuel Domínguez*

Dirección de la obra:
FRANCISCO LUIS CARDONA CASTRO
Doctor en Historia por la Universidad de
Barcelona y Catedrático

Coordinación de textos:
MANUEL GIMÉNEZ SAURINA
MANUEL MAS FRANCH
MIGUEL GIMÉNEZ SAURINA

ISBN: 84-8403-874-2
Depósito legal: M-29712-2003

Imprime: *Gráficas COFÁS, S. A.*

IMPRESO EN ESPAÑA - PRINTED IN SPAIN

INTRODUCCIÓN

Todos cuantos conocieron a Kafka en su juventud o en su madurez (no mucha, puesto que falleció a los cuarenta y un años), tuvieron la impresión de que estaba rodeado de una cámara de cristal. Sí, él estaba allí, detrás del cristal muy transparente, andaba con gracia, gesticulaba, hablaba, sonreía casi como un ángel, y su sonrisa era la última flor nacida de una gentileza que se entregaba pero volvía a retraerse súbitamente, que se expandía y se encerraba celosamente en sí misma.

¿Y qué veían los demás detrás de aquella delicada pared de vidrio? Kafka era un individuo alto, delgado, ágil, que llevaba su cuerpo como si fuese un don del cielo. Daba la impresión de no haber crecido, de no haber conocido el peso, la estabilidad, el horror de lo que suele llamarse «la edad madura». El mismo solía decir: «Yo no viviré jamás la edad viril. De niño me convertiré en un viejo con el cabello blanco».

Sus grandes ojos se sentían atraídos por todo, como si fuese un visionario. Tenía las cejas largas, las pupilas eran a veces de color marrón, a veces grises, otras azules, o simplemente oscuras, en tanto que en su pasaporte se aseguraba que eran gris-azul oscuro.

Pocas veces tomaba la palabra por iniciativa propia, pero cuando hablaba su voz era dulce, sutil, melodiosa, aunque más adelante la enfermedad la tornó gastada, casi dura. Nunca decía cosas insignificantes, todo lo cotidiano le era extraño, y a menudo quedaba como transfigurado por una luz interior. Si el tema le inspiraba, hablaba con facilidad, con elegancia, con vivacidad, casi con entusiasmo. A menudo contraía la frente, hacía sobresalir el labio inferior, colocaba las manos sobre el escritorio, y en fin, actuaba como un traidor de melodrama.

Cuando tenía una cita con algún amigo siempre llegaba con retraso. Por otro lado, los amigos le veían venir de lejos, siempre vestido de forma compuesta y ordenada, pero nunca elegante: abrigos grises o azul marino, como un verdadero empleado, que es lo que en realidad era.

Intimamente, como un niño, deseaba hallar respuesta a todas las preguntas que han torturado a los hombres desde el comienzo del mundo. Estudió cada hipótesis, probó todas las posibilidades, se transformó en un vértice de antítesis, examinó el sí y el no de todas las cosas, especuló en todos los sentidos, en todas las direcciones. Su obra, en efecto, es el edificio religioso más grandioso de los tiempos modernos. Fue un hombre de una gran visión interior, de una intensa inquietud íntima, y en él se aparece la imagen multicambiante del gran espíritu.

Bibliografía

R. M. Albérès y P. D. Boisdefre: *Franz Kafka*, Fontanella, Barcelona, 1967.

M. Carronges: *Kafka contra Kafka*, Eler, Barcelona, 1967.

J. Chaix-Ruy: *Kafka o el miedo al absurdo*, Ed. Ibérico-Europea, 1969.

G. Janouch: *Conversaciones con Kafka*, Fontanella, Barcelona, 1969.

M. Robert: *Acerca de Kafka, acerca de Freud*, Anagrama, Barcelona, 1980.

L. Izquierdo: *Kafka*, Barcanova, Barcelona, 1981.

K. Wagenbach: *Kafka*, Alianza, Madrid, 1981.

M. Brod: *Kafka*, Alianza, Madrid, 1982.

E. CARRETTI: *El otro proceso de Kafka*, Alianza, Madrid, 1983.

R. HAYMAN: *Kafka*, Vergara, Barcelona, 1983.

VV. AA.: *Franz Kafka*, Urbión, Madrid, 1984.

M. P. ZAPATERO: *Kafka o el vínculo con el padre*, Alhambra, Madrid, 1985.

JOACHIM UNSELD: *Franz Kafka, una vida de escritor*, Anagrama, Barcelona, 1989.

PIETRO CITATI: *Kafka*, Rizzoli, Milano, 1987.

CAPÍTULO I
ANTECEDENTES E INFANCIA

Franz Kafka nació el 3 de julio de 1883.

Su padre, Hermann Kafka, habíase casado el año anterior con Julie Lôry, hija de un judío que había conseguido acumular una considerable fortuna gracias a una fábrica de cerveza.

Hermann Kafka, por su parte, también era hijo de un judío, pero que había tenido menos suerte que su consuegro.

El abuelo de Franz, Jacob Kafka, vivía en Wossek, un pueblo checo que no tenía más que ciento veinte habitantes, y era carnicero. Había vivido hasta los treinta y cinco años sin ningún tipo de protección jurídica y había sufrido las más dramáticas injusticias. En aquella época, como más adelante, ser judío era lo peor que podía ocurrirle a cualquier persona.

Hermann Kafka conoció en su infancia las pruebas más duras con las que puede enfrentarse un niño. Creció entre sus cinco hermanos y, gracias a la férrea voluntad que heredó de su padre, pudo sobrevivir entre la más terrible de las miserias. La casa en donde vivía era muy pequeña, con techo de paja y el suelo de tierra. Los hermanos dormían hacinados en una habitación y comían casi exclusivamente patatas.

Cuando cumplió diez años, Hermann empezó a ganarse la vida arrastrando una carreta de pueblo en pueblo vendiendo baratijas. Llevaba en su carreta hilos, botones, cordones de zapatos... Aguantaba el frío y la lluvia arrastrando el pesado carro, y fue a tan corta edad cuando empezó a obsesionarse con la idea de labrarse un porvenir y, sobre todo, una fortuna.

Ya de adolescente, Hermann Kafka se trasladó a vivir a Praga, concretamente en el miserable ghetto judío de Josefstadt. No tenía dinero para más. En realidad, hacía ya tiempo que los judíos no estaban obligados a vivir en el ghetto, pero él se vio forzado a residir en aquel desafortunado barrio.

Al cabo de un tiempo, Hermann conoció a Julie —no se sabe exactamente ni cómo ni dónde—. Ella vivía fuera del ghetto, y era más instruida que él, a la vez que bonita y elegante.

Julie no había conocido durante su infancia las privaciones que hubo de pasar Hermann. Nació en una casa acomodada de la población de Podebray, aunque le tocó vivir otro tipo de sufrimientos. Su madre había muerto de tifus cuando ella sólo contaba tres años de edad. Su abuela no pudo reponerse de la terrible pérdida que supuso la desaparición de su hija y un buen día salió de su casa para no regresar jamás: se arrojó al río Elba. Su abuelo murió al cabo de dos años y ella, siguiendo el rito judío, tuvo que poner las manos sobre los helados pies del cadáver, pidiendo clemencia por las posibles faltas cometidas contra su memoria. Todas estas experiencias debieron, lógicamente, marcar profundamente la personalidad de aquella niña.

Julie tuvo que cuidar de sus cinco hermanos, que eran más pequeños que ella, hasta que su padre volvió a casarse. Sin embargo, el matrimonio resultó un fracaso y Julie tuvo que contemplar innumerables escenas de peleas conyugales. Quizá sería por este motivo que cuando se casó en 1882 con Hermann Kafka optó por no contradecir nunca a su esposo.

Después de casarse en aquel año de 1882, Hermann Kafka abrió una pequeña tienda de artículos de fantasía, gracias a la ayuda financiera de su suegro. Empezaba a ver cumplido su sueño de amasar fortuna, pues tuvo mucha más suerte que su padre, el carnicero Jakob, y lo consiguió.

Franz Kafka, el filósofo-escritor visionario e intimista.

La figura del padre

El joven matrimonio se instaló en una calle lindante al barrio de Josefstadt, exactamente en la calle Maisel. La vivienda era modesta, mas para Hermann Kafka debió de parecerle lujosísima. Había escapado casi del ghetto judío.

En aquella casa nació Franz Kafka. Pero no pasaría mucho tiempo hasta que la familia se trasladaría a otra casa, no muy lejos de aquélla, pero sí más amplia, situada en Wenzelplatz. La familia se vio incrementada con un nuevo hijo, Georg, aunque éste moriría al cumplir dos años.

Hermann Kafka estaba completamente decidido a ser alguien en la ciudad. Cuando llegó procedente de su pueblo, se había relacionado con los checos. Sólo hablaba checo y se desentendió en gran manera del judaísmo. Mas para prosperar había que acercarse a los alemanes de Praga, y lo hizo a través de su esposa, lo cual le llevó a abandonar poco a poco los círculos checos. En Praga, los alemanes ocupaban la cima de la pirámide social. Los checos de origen alemán eran los altos funcionarios, los aristócratas, los grandes propietarios. Y Hermann Kafka estaba convencido de que era con aquéllos con quienes tenía que relacionarse.

Esto, sin lugar a dudas, repercutiría notablemente en la personalidad del joven Franz. Era judío, pero sin que la religión se practicara más de lo necesario. La lengua materna era la alemana, mientras que la paterna era la checa, aunque, en consecuencia, Franz no fue ni decididamente judío ni decididamente checo, de la misma forma que tampoco fue un alemán puro.

A medida que el negocio prosperaba, Hermann y Julie decidieron que debían volver a cambiar de domicilio. Esta vez, el lugar elegido fue la calle Geitgasse, sin perder todavía de vista el ghetto de Josefstadt. Más adelante, en 1887, se trasladaron a la calle Niklas, sitio ya bastante alejado del ghetto. Esto sucedió poco después de la muerte de su hijo Georg.

Los cambios de domicilio, además del carácter severo que mostraba Hermann Kafka para con su familia, no ayudaron a que Franz tuviera una infancia dichosa. El niño se encontraba bastante desplazado cada vez que cambiaban de residencia, pues apenas tenía tiempo de conocer a otros chicos de su edad cuando ya tenía que pensar en hacer nuevas amistades.

En la calle Niklas nació otro hermano de Franz, Heinrich. Pero este nuevo ser murió a los pocos meses de su nacimiento. Frank, a sus cinco años, había visto desaparecer a dos de sus hermanos, sin llegar a entender estas desapariciones.

Otro nuevo cambio de domicilio se produjo a la vez que Hermann y Julie decidieron cambiar de negocio. La tienda de artículos de fantasía fue trocada por una mercería al por mayor. De la calle Niklas los Kafka se mudaron a la calle Zeltgergasse. En frente de su casa abrieron la mercería. El negocio permanecería definitivamente en aquella calle, pero no sucedería lo mismo con la vivienda familiar. En junio de 1889 los Kafka se mudaron a la calle del Círculo.

Por fin habían encontrado un hogar digno de las aspiraciones de Hermann. En la casa, de estilo medieval, nacieron las hermanas de Franz: en 1889 fue Elli quien vio la luz; en 1890 nació Valli, mientras que en 1892 fue Ottla quien vino al mundo, y con ella, la familia Kafka quedó definitivamente formada.

Franz tenía nueve años. Pero no era feliz. Sus padres pasaban casi todo el día fuera de casa, en la tienda. Los niños eran cuidados por la servidumbre. A pesar de esto, durante las pocas horas que el cabeza de familia pasaba con sus hijos, les imponía una rígida disciplina.

Los peores momentos para Franz y sus hermanas eran las horas de las comidas.

La figura del padre todopoderoso se perfilaba en la cabecera de la mesa, y todos tenían que comer con rapidez y sin mediar palabra entre ellos. Franz se sentía profundamente agobiado ante la presencia de su padre. Cuando tenía que dirigirle la palabra lo hacía tartamudeando, de tanto que el hombre le llegaba a imponer. A veces hacía algunas bromas y podía llegar a reírse a carcajadas, pero de repente podía pasar a un estado de furor increíble, que desconcertaba al joven Kafka.

El padre imponía, como decimos, un orden severísimo. Pero él mismo no sentía la necesidad de acatarlo. Hermann Kafka estaba por encima de sus propias leyes. Franz, en su niñez, no entendía cómo podía ser que su padre impusiera unas normas que se tenían que cumplir a rajatabla mientras él obraba de forma completamente distinta.

El niño, pues, creció con un complejo de inseguridad que le marcó para toda la vida.

CAPÍTULO II
LA EDUCACIÓN DE FRANZ KAFKA

Los hijos de Hermann y Julie Kafka fueron criados por la niñera y la cocinera de la familia. La niñera, María Werner, sólo hablaba el checo, y al principio le resultaba difícil poder entenderse con los niños, que habían adoptado, lógicamente, la lengua materna.

La primera maestra de Franz fue la señorita Bailly, una gobernanta suiza que Hermann Kafka había hecho venir expresamente de Neuchâtel, como era costumbre entre la mayor parte de las familias acomodadas de Praga. A través de esta maestra, Hermann Kafka controlaba perfectamente la educación de sus hijos.

Franz empezó a asistir a la escuela en el otoño de 1889. Hermann Kafka dispuso que el niño acudiera a un colegio alemán. El colegio escogido para aquella ocasión se hallaba situado en el Mercado de la Carne, al que concurrían los hijos de la población alemana de origen judío. Hermann Kafka hubiera preferido que su hijo hubiera asistido a una escuela alemana regentada por los piaristas, en donde recibían educación los hijos de la alta burguesía de Praga, pero no pudo hacerlo porque todavía tenía algunas pequeñas dificultades económicas.

A Franz le horrorizaba asistir a aquella escuela. Para llegar a ella tenía que cruzar por entre el mercado, en donde veía gran número de reses colgadas despellejadas. La gobernanta tenía que llevarle casi a rastras y le amenazaba constante-

15

mente diciéndole que hablaría con el maestro y le diría que era un niño que se portaba muy mal en casa. Franz se horrorizaba ante aquella perspectiva, pues estaba convencido de que el maestro tomaría las consiguientes represalias. Entonces se asía como podía a los portales de las casas y a cuantas esquinas podía aferrarse. La gobernanta, más fuerte que el enclenque niño, lógicamente le conducía hasta la puerta de la escuela. Y nunca llegó a decirle nada al maestro. Pero aquello atemorizaba a Franz sobremanera.

La escuela estaba situada en un edificio sombrío, de cuatro pisos, que no tenía ningún patio para el recreo. Los niños pasaban los ratos de asueto en los corredores, bajo la mirada de sus maestros, que intentaban inculcarles en todo momento un comportamiento que no tenía nada que ver con el propio de los niños en edad escolar.

Franz fue un alumno tímido y discreto, que trataba por todos los medios de pasar completamente inadvertido. No se veía comprometido ni con los alumnos de su escuela alemana, ni con los de la escuela de enfrente, checa. Los alumnos de la escuela checa atacaban a los de la alemana cuando éstos regresaban a sus casas. Franz no sabía de qué lado ponerse. Su desarraigo —por culpa de su padre— era tal, que no podía tomar partido ni por los alemanes ni por los checos. Incluso tampoco por los judíos. Completamente desconcertado intentaba pasar como invisible en medio de aquellas batallas campales.

Así regresaba a su casa al final de la jornada en el colegio. Y allí se encerraba en sí mismo, pues no encontraba sitio más seguro que su propio mundo interior.

CAPÍTULO III
SU VIDA ADULTA

Oskar Pollak

Fue en el año 1901 y en la Universidad alemana de Praga donde Kafka trabó conocimiento y amistad con Oskar Pollak, el cual era un muchacho inteligente, que más adelante llegó a ser historiador de arte, muriendo en la guerra de 1914 a 1918.

La amistad entre ambos jóvenes es importante en la biografía kafkiana por las cartas que Franz le escribió a Oskar entre 1902 y 1904, que en su estilo recargado, casi afectado, presentan a un adolescente inquieto, pero abierto a la amistad y realmente apasionado, vivo, vibrante.

Esto es lo que muestran algunos fragmentos de tales cartas:

> *Entre todos los jóvenes, no he hablado en realidad más que contigo...*
>
> *En medio de otras muchas cosas, eras un poco como una ventana a través de la cual yo podía ver las calles. Solo, no me era posible hacerlo, pues, a pesar de mi alta estatura, no llego al antepecho de mi ventana.*
>
> *Y ahora alguien me despega totalmente los labios, con suavidad, no, apartándolos con fuerza, y alguien apostado detrás del árbol me dice en voz baja: «No harás nada sin los demás», y yo escribo con un aire*

significativo y una elegante sintaxis; la vida de ere-
mita es repulsiva, pongamos honradamente nuestros
huevos a la plena luz del día, y el sol hará que se abran
sus cascarones; mordamos directamente en la vida en
vez de mordernos la lengua; respetemos al topo y su
forma de vivir, pero no hagamos de él nuestro santo...

Los dos amigos tuvieron la idea de abandonar Praga, pero
Kafka pensó que su partida sería más bien una fuga, y que
no lograría romper el estrecho círculo en el que sentíase a la
vez cautivo y exiliado.

Praga no nos soltará ni al uno ni al otro.
La madrecita tiene zarpas. Es preciso resignarnos
o... Habría que prender fuego a los dos extremos al
mismo tiempo, al Vysehrad y al Hradschin. Tal vez
entonces así podríamos escapar. ¡Piensa en ello desde
aquí hasta el Carnaval!

Cuando tenía lugar esta correspondencia, Kafka también
desarrolló una gran actividad literaria, de la que dan testi-
monio numerosas cartas. Pero los textos que pertenecen a esa
etapa, lo mismo que sus obras de la infancia, no se han conservado, perdiéndose para siempre.

Max Brod

Fue por 1902 ó 1903 cuando Kafka tuvo amistad con uno
de sus condiscípulos, que, como él, era miembro de una cor-
poración estudiantil de alemanes liberales, y también apasionado por la literatura.

Ese condiscípulo era Max Brod, que se convertiría en su
amigo más leal, el más abnegado de toda su vida. Max Brod
trazó un retrato de Kafka en aquella época:

Quien lo conocía no advertía en nada que su espí-
ritu pudiera estar abrumado por obsesivas impre-
siones de juventud, ligado al esnobismo o a la deca-
dencia que fácilmente hubieran podido presentarse
como las rutas de escape de semejante estado de aba-
timiento.

De todos los sentimientos, a los que ha dado expresión en la Carta a su padre, *no se transparentaba nada, a no ser de una manera velada y aún en la intimidad.*

Tan sólo pude conocer y comprender poco a poco su mal. Al primer trato, Kafka parecía ser en todo un muchacho normal, si bien extrañamente silencioso, observador, reservado. Sus gustos intelectuales no tendían en absoluto a lo presuntuoso y a lo enfermizo, a lo extravagante, a lo grotesco, sino a todo aquello que la Naturaleza ofrece de grande, a lo que es sano, a lo que está simple y sólidamente construido, a lo que ayuda al hombre a purificarse y regenerarse. No bien decía algo, se producía el silencio, pues sus palabras siempre estaban cargadas de sentido e iban dirigidas a lo vivo del asunto.

Era un amigo siempre maravillosamente dispuesto a ayudarle a uno. Sólo en lo que a él atañía se mostraba confundido y desamparado. La franqueza más absoluta era uno de los rasgos más notables de su carácter. Otro lo era el de la suma escrupulosidad que ponía en el examen de los hechos. Y pese a esto, era osado en su persona. Era buen jinete, buen nadador, buen remero. Sus escrúpulos no procedían, por lo tanto, de una hipotética cobardía, sino de una aguda conciencia de la responsabilidad.

19

Max Brod estuvo varios años sin saber que su amigo Kafka se dedicaba a escribir. Pero tan pronto como se enteró de las primeras obras de cierta importancia, tuvo para el genio de Kafka una admiración sin límites, esforzándose sin cesar, y a menudo sin éxito, en hacerle participar de los ambientes literarios de Praga.

Combatió incansablemente contra la repugnancia que la mayoría de veces Kafka mostraba por la publicación de sus obras.

Frecuentemente, se entregaba a extraños manejos para arrancarle a Kafka algunos textos por lo que éste no se preocupaba o que corría el riesgo de destruir. Y en efecto, destruyó gran parte de su labor literaria. Finalmente, salvó las obras póstumas de Kafka de la desdicha que les aguardaba cuando los alemanes ocuparon Praga. Aparte de cierto número de papeles que estaban en Berlín, y de los que se apoderó la Gestapo, no se perdió nada más gracias a los esfuerzos de Max Brod.

Kafka se corvirtió para Brod en una especie de «director espiritual» al que éste iba a buscar consuelo en las diarias tribulaciones de la vida, hasta tal punto que pronto fue el elemento decisivo en la solución de todos sus problemas. Por su parte, Franz encontró en Brod el intermediario por el cual se le allanaba el camino hacia la vida pública y la tremenda realidad cotidiana, una realidad que el pobre Kafka, al margen continuamente de ella, era incapaz de dominar. En 1929, Walter Benjamin había escrito a este propósito:

> *Su amistad con Brod... tuvo por tanto ese sentido provechoso. No fue otra cosa que un orden, una especie de pacto secreto, una amistad entre escritores, profunda y basada en la confianza, que se desarrolló totalmente bajo el signo de su mutua labor crea-*

El abuelo de Kafka, el cervecero judío Jakob Löry

dora, condicionada por la importancia que el público de ambos concedía a su labor.

Resulta altamente sobresaliente y muy significativo, como en casi todas las amistades de Kafka, la actividad literaria, que juega un papel de primer orden. Max Brod representaba la imagen más acabada del joven escritor que ya ha gustado las mieles del éxito, pero además Kafka se admiraba por la aparente facilidad con la que Brod sacaba partido de los contactos editoriales fuera del círculo de Praga. Su desconcierto llegaba al límite, pues opinaba de la literatura y de todo el que quisiera dedicarse a ella lo contrario que su amigo, quien para darse a conocer inundaba las editoriales con sus obras y no le importaba escribir a destajo —dejando aparte la indudable valía de su compañero— para sobrevivir. Kafka rechazaba con obstinación el *intríngulis* del mundillo editorial, al que le resultaba imposible de comprender.

Brod pasaba por alto las reticencias de su amigo y todavía más cuando se dio cuenta de que en Kafka había un escritor «como la copa de un pino», «quizás, el mayor escritor que ha producido nuestra época» en palabras de Brod. Dándose cuenta de que a su amigo le faltaba el conveniente lanzamiento por falta de empuje y por falta de contactos adecuados, se entregó con todas sus fuerzas para que su obra no se malograra.

CAPÍTULO IV
DE 1905 A 1911

En el año 1905, Kafka pasó sus vacaciones en Zuckmantel, lugar donde conoció a una joven de la cual todo se ignora, si bien el propio Franz diría más adelante que fue una de las dos únicas mujeres con las que tuvo una verdadera intimidad.

Luego, el primero de abril de 1906, estuvo una temporada de pasante en el bufete del abogado Richard Löwy, de Praga.

Después, el 8 de junio del mismo año se licenció en Derecho en la Universidad Karl-Ferdinand de Praga. Pasó las vacaciones de aquel verano en casa de un tío que era médico rural. Y ese tío, que fue quien cuidó a Kafka ya en los últimos períodos de su fatal enfermedad, es sin duda el modelo de su *Médico rural*, que escribió años más tarde.

El primero de octubre inició una pasantía obligatoria de un año, en el Tribunal Correccional de Praga, y después pasó al Tribunal Civil. Fue con toda seguridad este año de 1906 cuando Franz Kafka escribió las dos únicas obras de juventud que han llegado a nuestros días: *Preparativos de boda en el campo* y *Descripción de un combate*.

Al año siguiente, 1907, y el primero de octubre, Kafka ingresó en la compañía de seguros «Assicurazioni Generali». Pero desde los primeros tiempos de su empleo, vióse atormentado por la imposibilidad de conciliar su profesión con sus actividades literarias, al haber elegido una labor bien remunerada, que le daba la necesaria independencia, teórica, para continuar escribiendo.

Entonces, pensó que su salvación consistiría en buscar un empleo que no le tuviese ocupado el día entero. Pero esa clase de empleos sólo se hallaban en la administración pública, donde los judíos de la antigua Austria no tenían la menor esperanza de ingresar, a no ser que poseyesen grandes influencias. De todos modos, al final consiguió uno de esos puestos, aunque pronto vio que tampoco era su salvación.

En julio de 1908 pasó Kafka a una compañía seminacionalizada, la Arbeiter-Unfall-Versicherungs-Anstalt, que también se ocupaba de seguros en el reino de Bohemia y Moravia. Era un empleo importante, que entrañaba graves responsabilidades. Y pese a la benevolencia de sus jefes y a las escasas horas de la tarde de que disponía, se veía agobiado por un trabajo agotador, que le consumía la mayor parte del día, obligándole a escribir de noche.

El *Diario* que llevaba puntualmente, revela su constante obsesión de un empleo racional del tiempo que le permitiese escribir en condiciones más favorables, sin perjudicar demasiado sus actividades profesionales.

Y así empezó a padecer de *surmenage*, insomnios, agotamiento nervioso, y torturas morales *que son las consecuencia de un estado de cosas para las que Kafka sólo hallará finalmente una salida en la enfermedad.*

Naturalmente, hay que aclarar que aunque la frase de uno de sus biógrafos anteriormente citada y mantenida por otros, parece dar a entender que la enfermedad de Kafka fue algo voluntariamente contraído por él, es sabido que la tuberculosis, en aquella época casi algo irremediable, puede apoderarse de un organismo más débil que otros, pero lo cierto es que muy poco tuvo que ver, en realidad, con su estado de abatimiento moral. Y caso de desear tal enfermedad para salir de su «encierro», Kafka habría dado muestras de una cobardía incongruente, tal vez acorde con ciertas visiones suyas de la vida, pero completamente en desacuerdo con el temple de un hombre de verdad.

Lo cierto es que hasta el instante en que la enfermedad le obligó a renunciar a su empleo, en vano intentó rebelarse contra la huida de su tiempo y de sus energías:

> *Veo que en mí todo está listo para una labor poética, que esa labor representaría para mí una solución divina, una entrada real en la vida, en tanto que en la oficina me veo obligado, en nombre de un lamentable papeleo, a arrancar un trozo de su carne a un cuerpo capaz de semejante felicidad...*
> (De su *Diario*, 1911.)

Pese a todo, su experiencia profesional desempeñó un papel preponderante en la visión del mundo social que se reflejó de manera muy precisa en su obra, pues al tomar parte en una organización moderna y muy jerarquizada, pudo observar el funcionamiento absurdo, mecánico e irresponsable de una burocracia que agobiaba y agobia a todo ser humano.

Pese a mostrarse los jefes benévolos y competentes, el sistema sigue siendo «demoníaco». Estando en contacto cotidiano con la vida obrera, con sus miserias, su desamparo, su falta de bienes materiales y espirituales, Kafka hizo entrar en sus obras esa miseria que padece una perpetua injusticia.

Un día le dijo a su amigo Max Brod: «¡Qué modesta es esa gente! ¡Vienen a presentarme súplicas! ¡Presentan súplicas en lugar de acometer violentamente contra la casa y destruirlo todo!»

Sin embargo, Kafka nunca participó activamente en ninguna lucha política. Leía, no obstante, a Kropotkin y frecuentaba con bastante asiduidad las reuniones de los anarquistas checos de Praga. Su tardía adhesión al sionismo se debió, al menos en parte, a su rebelión contra un orden de cosas del que Praga le proporcionó una imagen muy dolorosa. Al final de su vida, redactó un proyecto de «Comunidad de los trabajadores no poseyentes», que en muchos aspectos recuerda la organización de los kibbutzim de Israel.

En el año 1909 publicó dos fragmentos de su *Descripción de un combate* en la revista *Hyperion*.

En el mes de septiembre del mismo año, realizó un viaje a Riva y Brescia con Max y Otto Brod. Y publicó en *Bohemia*, un artículo sobre la reunión aeronáutica de Brescia, titulado «Los aeroplanos de Brescia».

Fue en 1910 cuando inició los cuadernos «en cuarto», que constituyen el *Diario*. Este *Diario* lo estuvo llevando durante trece años, concediéndole una enorme importancia.

> *No abandonaré ya este Diario. Aquí es donde me es necesario mostrarme tenaz, pues sólo aquí puedo serlo* (16 de diciembre de 1910).

En mayo, la compañía de Judíos de la Europa oriental, dirigida por Isak Löwy, dio unas representaciones en el Café Savoy, teatro Idisch.

Y en el mes de octubre, viajó con Marc y Otto Brod. Después, en enero y febrero del año siguiente, 1911, efectuó otro viaje, esta vez de negocios, a Friedland-Reichenberg.

En febrero escribió *El mundo ciudadano*, que es una narración que prefigura ya *El Veredicto*. En esa época, Kafka frecuentaba los cabarets, las salas de fiesta, los cafés literarios de Praga. Iba asiduamente a la piscina, nadando, remando, y andando mucho. Aunque todavía estaba sano, su salud ya le daba preocupaciones que intentaba superar con diversas prácticas higiénicas y ascéticas; se hizo vegetariano, no bebía, no fumaba, dormía en un cuarto frío en invierno, dejó de llevar abrigo, se bañaba en los ríos helados y pasaba parte de sus vacaciones en colonias naturistas.

En ciertos momentos incluso sintióse atraído por la antroposofía y consultó al respecto al doctor Steiner. En su *Diario* describió esa visita de manera escéptica e irónica, pese a lo cual se tornó estrictamente vegetariano e intentó, aunque en vano, convencer a sus familiares, si bien su hermana Ottla sí le imitó en ese aspecto.

Aquel verano de 1911 viajó a Zurich, Milán, Lugano y París con Max Brod, y después se fue solo a Erlenbach, próximo a Zurich, donde había un establecimiento naturista.

En octubre, Kafka empezó a frecuentar con cierta regularidad el café Savoy, entrando en relación con los componentes de la compañía judía y especialmente con Löwy, el director de la misma.

Se encontró con esa compañía, cuyos miembros, a sus ojos, constituían una existencia judía natural, desprovista de toda falsificación gracias a sus tradiciones, sus sufrimientos y su arte, en un momento decisivo de su evolución y de su postura respecto al judaísmo.

Según Max Brod: «Hasta entonces, Kafka no se sentía más judío que los jóvenes de su ambiente que creían sentir y pensar como alemanes, aunque de los alemanes tuvieran solamente el idioma.»

El judaísmo de su familia, irrisorio, superficial, le inspiraba sólo un sentimiento de repulsa. Los ambientes judíos de Praga, germanizados desde largo tiempo atrás, sin historia ni cultura propias, encarnaban, para él, todo lo que con más severidad juzgaba en sí mismo: una existencia híbrida, cuyo desarraigo quedaba mal encubierto por la ciudadanía austríaca y el uso del alemán; algo que no era tan sólo una debilidad sino una impostura.

Löwy y los suyos, pobres actores carentes de todo, pero consagrados por entero a su arte, le mostraron por primera vez la imagen de un judaísmo puro que le conmovió hasta lo más íntimo de su ser.

Löwy se convirtió en su amigo y en los muchos paseos que dieron juntos, Kafka le hacía hablar de la Rusia judía, escuchando, sin cansarse, los relatos que evocaban tanto la vida cotidiana de las pequeñas comunidades como las fiestas, los ritos, los estudios en las escuelas talmúdicas o la historia de los rabinos más famosos.

Iba anotando todo cuanto le relataba Löwy y consagró muchas páginas a los espectáculos de su repertorio teatral, obras clásicas, a veces ingenuas, por las que no se interesaba el público culto, y de las que se burlaban los espectadores populares, pero en las que Kafka descubrió un verdadero arte, cercano al suyo por la precisión del gesto y del humor.

Tan lejos llegó el interés de Kafka por Löwy, que un día trazó en sus cuadernos una especie de autobiografía que aquél, desalentado por los fracasos e inseguro de su talento, le dictó a su pedido.

El primero de noviembre leyó «con avidez y felicidad» la *Historia del judaísmo*, de Gratez.

Al desembocar el año 1912, estaba trabajando en una novela escrita en colaboración con Max Brod, *Ricardo y Samuel*, que no se terminó.

También comenzó su primera novela, *El Desaparecido (América)* en la que trabajó varios años y que también dejó sin concluir. Aquél mes leyó *La correspondencia*, de Flaubert.

El 18 de febrero dio una conferencia en la Casa Comunal judía, donde presentó unos poemas en idisch que recitó Löwy.

El 2 de marzo se vio obligado a ocuparse de un establecimiento industrial propiedad de su cuñado (marido de su hermana mayor), y en la que su padre y él mismo tenían intereses. Sintió este aumento de trabajo como una maldición e intentó sustraerse a tal labor que no le gustaba ni para la cual sentíase preparado.

Los reproches formulados por su padre con este fin, le causaron una profunda desazón:

> *Anteayer he sufrido reproches a propósito de la fábrica, tras de lo cual permanecí una hora en el diván, reflexionando en El salto por la ventana.*

El 22 de julio y hasta el 29 de julio viajó a Weimar con Max Brod, y más tarde se dirigió, ya solo, al Jungborn, en la región de Harz, donde había una colonia nudista.

Fue el 7 de agosto cuando se publicó su primera recopilación de *Contemplación*.

> *Largo tormento. Finalmente le escribí a Max que no puedo pasar en limpio los pequeños fragmentos que quedan, que no deseo forzarme y que, por lo tanto, no publicaré el libro.*

Sin embargo, le entregó el manuscrito a Brod, el cual lo envió al editor Rowohlt, y a su socio Kurt Wolff.

Kafka no era ya un autor desconocido para los grandes editores. La atención de Rowohlt se centraba por aquel entonces en el descubrimiento de jóvenes promesas a las que deseaba convertir pronto en realidades; por eso seguía con extraordinario interés las novedades recién publicadas a través de las revistas literarias especializadas, y conocía algunos trabajos breves de Kafka, aparecidos en *Hyperion*. Sin embargo, Rowohlt deseó conocerle personalmente como hacía con todos los que creía merecían la pena. Fueron los famosos almuerzos del local Wilhelms Weinstuben que han quedado como célebres en los anales de la historiografía literaria de la época.

Por cierto que la innata timidez kafkiana hizo que en la primera invitación, sea porque le cogiera por sorpresa, sea porque sentía engorrosa tal deferencia, resultó «que ya había comido». Aunque Kafka se refiera sin entusiasmo a la ceremonia del ágape de aquellas reuniones, lo cierto es que fueron el elemento motriz para el movimiento expresionista alemán y terminaron por llegar a ser la Meca para los escritores germanos anhelantes de triunfo.

Kafka aborrecía toda clase de actos públicos de sociabilidad intelectual o por lo menos los organizados de aquella manera. En aquellas circunstancias le sobrevenía una extraordinaria desazón psíquica que llegaba hasta el malestar físico. Por eso, ante aquella invitación, se encerró en sí mismo, no acallando su escéptico modo de reaccionar. Otra cosa fue el ejercicio de análisis perspicaz realizado de todos los asistentes, en especial de la figura de su promotor Ernst Rowohlt, que se distinguía por encima de todos por su vitalidad y energía. Todo lo contrario de nuestro escritor, a juicio de uno de los asistentes: «Un individuo larguirucho, seco, muy pálido y tímido, que no dijo nada en toda la mañana...»

Su madre, Julie, era instruida, hermosa y elegante.

CAPÍTULO V
KAFKA CONOCE A FELICIA BAUER

Hubo muchos días memorables en la vida de Kafka, y algunos de su niñez quedaron grabados en su memoria, a menudo circundados por un intenso horror: la noche en que su padre lo sacó al balcón del dormitorio; la mañana, y hubo muchas más semejantes, en los que la gobernanta lo llevó a la escuela, amenazándolo con denunciarlo al maestro. Aquí hay que recordar, como descargo para Kafka, que su espanto a ir a la escuela procedía del hecho de tener que atravesar por el medio del mercado instalado en plena calle, donde se exhibían, en las paradas de carnicería, reses despellejadas en todo su horror, cosa que le asustaba y le asqueaba.

También quedó impreso en su cerebro el día en que empezó a pergeñar una novela y su tío la despreció, o bien el día en que le dio una moneda a una mendiga en el Pequeño Círculo.

Estos instantes permanecieron fijos y aislados de todo lo demás durante toda su vida.

Mas, sin duda, el día más memorable fue la noche del 13 de agosto de 1912, cuando conoció a Felicia Bauer. Aquella noche la recordó siempre, hasta en sus más mínimos detalles. Su memoria amorosa necesitaba una completabilidad; ansiosa y total como los celos, deseaba poseer todo el pasado, todos los minutos de aquella velada, y la recordaba incesantemente, interrogándola, memorizando un gesto, una palabra.

Aquella noche, Kafka tenía una cita con Max Brod en la casa de sus padres, en el número 1 de la Schalengasse. Debía repasar con Max la secuencia de *Betrachtung* (Contemplaciones), que iba a editarla Rowohlt. Estaban citados para las ocho.

Como era su costumbre, Kafka llegó retrasado, casi a las nueve y media. Estas citas casi nocturnas representaban una amenaza para la familia Brod, porque Kafka ganaba en vivacidad con el transcurrir de las horas y a menudo impedía que se acostase el hermano de Max, Otto, al que le gustaba irse a la cama puntualmente. Por eso, al final, toda la familia casi empujaba a Kafka fuera de la casa, aunque afectuosamente.

Cuando aquella noche llegó Franz Kafka a la casa, vio a una joven desconocida, sentada en el salón. Más tarde supo que se llamaba Felicia Bauer, que vivía en Berlín, que tenía veinticinco años y que era la directora de la empresa Lindstrom, fabricante del Parlograph, un rival del dictáfono.

Vestía una blusita blanca, bastante transparente, y llevaba en los pies las pantuflas de la señora Brod, porque llovía y había dejado sus zapatos a secar. Tenía asimismo una mirada gentil, si bien un tanto imperiosa.

Antes de que les presentasen, Kafka ya le alargó la mano, pese a que ella no se había levantado y tal vez no desease estrechársela. Después, Kafka se sentó y la miró con suma atención, con una de aquellas miradas suyas, extrañas, implacables, que fijaban las cosas en el espacio y en la memoria, y las hacían firmes, muertas, absurdas como piedras.

Según el propio Kafka, Felicia tenía una cara huesuda y vacía, la nariz casi rota, el cabello rubio, sin atractivo. El mentón era recio, la piel árida y con pecas, casi repugnante; con muchos dientes de oro, que interrumpían el color amarillo-gris de los dientes intermedios, como si fuese algo irreal.

¿Qué significaba aquella cara vacía? ¿Acaso carecía de alma aquella joven? ¿O no tenía culpa ninguna en su espíritu?

Empezó la conversación. Max Brod y Kafka le enseñaron a Felicia las fotos del viaje que el mes anterior habían efec-

34

tuado a Weimar; Felicia fue mirando con gravedad cada imagen, inclinando la cabeza, y quitándose de vez en cuando algún mechón de pelo de la frente.

Cuando en cierta ocasión sonó el timbre del teléfono, ella comentó la escena del prólogo de la opereta *La chica de la gasolina*, que se desarrolla en el vestíbulo de un hotel, y donde más de quince personajes, al compás de la música y del canto, se precipitan, uno tras otro, al teléfono.

Más tarde se entabló una discusión entre los dos hermanos, Felicia anunció que había aprendido el hebreo y que era sionista, la señora Brod empezó a hablar del cargo empresarial de la joven, del eficaz Parlograph que producía la firma Lindstrom, y de que Felicia debía trasladarse a Budapest para asistir al casamiento de su hermana, para cuya ceremonia se había hecho un hermoso vestido de batista.

Cuando la conversación languideció, todos se levantaron casi de prisa para pasar al saloncito contiguo, a fin de escuchar música. Kafka acompañó a Felicia, la cual todavía llevaba las pantuflas, y le confió a Franz que normalmente llevaba zapatillas con tacón.

Mientras alguien tocaba el piano, Kafka permaneció sentado detrás de la muchacha, mirándola de reojo. Ella tenía las piernas cruzadas y se llevaba continuamente la mano a la frente para apartarse el cabello, que al parecer le molestaba bastante. Al finalizar el pequeño concierto, Kafka empezó a hablar de su manuscrito. Felicia dijo que le gustaba mucho copiar a máquina los manuscritos, y que había copiado ya los de Max Brod.

Se habló de un viaje a Palestina, Kafka le propuso a la joven ir con él, y le estrechó la mano como para sellar la promesa. Acto seguido, la reunión se deshizo. La señora Brod tomó asiento en el diván, y volvió a hablarse de literatura, especialmente de las obras de Max, *Arnold Beer* y *El castillo de Nornepygge*, que Felicia no había podido leer hasta el final. El viejo Brod mostró un volumen del Goethe, ilustrado, en la edición de los Propileo, anunciando «que hacía ver a Goethe en calzoncillos». Felicia, entonces, citó una frase famosa: «Continuaron reyes incluso en calzoncillos.» Esta frase fue lo único de la muchacha que no le gustó a Kafka.

Mas pese a esto, Franz Kafka se había prendado, más que eso, se había enamorado de Felicia Bauer. Y de repente, vio en ella a la esposa, a la humilde mediadora que podía introducirlo en la ignota ciudad de los hombres, en la tierra de Canaán adonde hacía tiempo aspiraba ser conducido.

Desde fines del siglo XIX, espoleados por la doctrina de Theodor Herzl, padre del movimiento sionista mundial cuyo objetivo era la concesión de una patria judía, muchos judíos comenzaron su éxodo de retorno a la antigua Palestina bíblica. En 1909 fue fundada Tel Aviv sobre una duna de arena, frente a Jaffa, la «colina de la primavera». Hasta entonces habían llegado al país cuarenta mil judíos, y veintidós granjas agrícolas empezaron su labor, los famosos *kibbuzim*. Pronto la oposición palestino-árabe será un hecho.

Mientras esto sucedía, Max Brod animaba a Kafka y le ayudaba en la expectativa de publicación del manuscrito del que tanto había hablado a Felicia, incluso había escrito a ésta sobre su amigo en los siguientes términos:

> *Si sus padres tanto le quieren, ¿por qué no le dan 30.000 florines, como la dote que se da a una hija, que pueda despedirse de la oficina y marcharse a algún rincón de la Riviera, encerrarse allí en una residencia barata y escribir las obras que el buen Dios quiere hacer llegar al mundo tras haber pasado por su cabeza...? Franz no será feliz en su vida hasta que no se halle en una situación como ésa. Todo en él reclama a gritos una vida apacible y sin preocupaciones, dedicada a la creación. Justamente ahora*

*se está publicando uno de sus hermosos libros. Es de
desear que tenga suerte con él, y que pueda iniciar
de una vez por todas una existencia puramente de
literato. Pero además, está escribiendo una gran
novela —ya por el capítulo séptimo—, que espero
sea un gran éxito.*

Se trataba de *El Desaparecido* o *América*, que en principio no fue bien acogida por el público.

CAPÍTULO VI
CARTAS A FELICIA

Felicia tenía todas las cualidades que a él le faltaban: actividad, seguridad, velocidad, práctica, al tiempo que era realista, tranquila y observadora. Dominaba el reino de los números y del cálculo, del que él estaba excluido; era solar mientras él era nocturno.

Pero hasta al cabo de un mes Kafka no se atrevió a escribir a Berlín. Sin embargo, no había dejado de interesarse por la joven, y así había sabido que a finales de agosto estuvo en Breslavia, y llegó a querer enviarle flores allí.

Buscó sus señas, y primero se enteró de la empresa en la que trabajaba, y después el de la casa sin el número, cosa de la que acabó también por enterarse. Y antes de enviar la carta, la compuso varias veces, reformándola, corrigiéndola, recortando y añadiendo frases y párrafos, hasta que finalmente le dio plena forma, empezándola así:

> *Gentil señorita, por si acaso, cosa muy posible, que usted no se acuerde de mí, me presentaré otra vez: me llamo Franz Kafka y soy el joven que por primera vez la saludó en casa del director Brod, y después estuvimos contemplando unas fotografías de un viaje a Talía (Weimar), y que más tarde, con esta mano que ahora escribe, sostuvo la suya cuando usted le confirmó la promesa de efectuar el año próximo un viaje a Palestina.*

Era el 13 de agosto de 1912. Luego, bajo el influjo de ese conocimiento y de las relaciones que del mismo resultaron, Kafka escribió *El Veredicto*, narración que indica la etapa más importante de su evolución.

> *He escrito ese relato* (El Veredicto) *de un solo aliento, desde las diez de la noche a las seis de la mañana siguiente, durante la noche del 22 al 23 septiembre de 1912. He permanecido tanto tiempo sentado, que a duras penas puedo estirar de debajo del escritorio mis piernas anquilosadas... Todo puede ser dicho; a todas las ideas, por insólitas que sean, las aguarda un gran fuego en el cual se aniquilan y renacen... Sólo así es posible escribir, con esa continuidad, con una acogida tan abierta del alma y del cuerpo...*

El 25 de aquel mes, anotó en su *Diario*:

> *He tenido que violentarme para no escribir. Me he revolcado en mi cama. Con la cabeza congestionada, donde la sangre circulaba inútilmente. ¡Cuántas cosas malsanas!*

Felicia había despertado en Kafka el ardiente deseo del casamiento, pero del mismo modo provocó en él lo que más adelante denominó «el mayor espanto de su vida». Le escribió a la joven cartas apasionadas, inquietas e inquietantes, pero en el mes de noviembre le propuso ya poner punto final a sus relaciones:

> *No debes seguir escribiéndome, y yo tampoco te escribiré. Mis cartas sólo lograrían hacerte padecer, y respecto a mí, nadie puede prestarme ayuda... Por*

haber intentado asirme a ti, pese a todo, merecería
sin duda una maldición, si ya no estuviera maldito...

Sin embargo, la correspondencia continuó, trastornando y favoreciendo a la par la intensa y febril actividad literaria que caracterizó los años posteriores.

Fue en enero de 1913 cuando se publicó *Contemplación*, en la editorial Rowohlt.

Posteriormente, en febrero, se corrigieron las pruebas de *El Veredicto*. Y en mayo se publicó asimismo *El Fogonero*.

Me entusiasmo a causa de El Fogonero, *que juzgo totalmente conseguido. Durante la lectura frente a mi padre no hay mejor crítico que yo aunque mi padre me escucha con gran repugnancia.*

Y el 21 de junio escribió en su *Diario*:

El mundo prodigioso que llevo en la cabeza. Mas, ¿cómo liberarme y liberarlo sin desgarrarme? Y más bien sentirme mil veces desgarrado antes que retenerlo en mí o enterrarlo. Estoy aquí para eso, lo comprendo perfectamente.

El 1.º de julio del mismo año experimentó ya un ansia de soledad que llegaba, según él mismo, «hasta la pérdida de la conciencia».

Se dedicó a realizar labores de jardinería en el Instituto Pomológico (dedicado al estudio de los árboles frutales) de Troja, cerca de Praga. Buscaba en el trabajo manual la calma y una distracción para su ansiedad, y además una especie de tabla de salvación que no podía esperar de la literatura, excesivamente ligada a sus «fantasmas». Luego, fatigado ya por la enfermedad, pasó a trabajar por las tardes en un taller de carpintería.

41

En septiembre viajó de nuevo a Viena, Venecia y Riva, donde estuvo en el sanatorio de Hartungen. Fue desde Riva que le escribió a Max Brod:

La idea de un viaje de bodas me produce espanto.

Había mantenido un episodio amoroso con una muchacha suiza que conoció en el sanatorio, y a la que prometió no hablar de ello jamás. Y así escribía el 15 de octubre:

Mi estancia en Riva ha tenido una tremenda importancia ante mis propios ojos. Por primera vez he comprendido a una joven cristiana, y he vivido casi por entero en su esfera de actividades...

Pero el 22 de octubre, volvía a escribir:

Demasiado tarde. La dulzura de la tristeza y del amor. Verla sonreírme en la canoa. Fue el instante más bello. No temer jamás sino el deseo de morir y seguir aferrándose; sólo eso es el amor.

Una íntima amiga de Felicia Bauer, Greta, viajó a Praga y desempeñó un pobre papel en la triste historia del noviazgo de Kafka con Felicia. Esta, sin duda asustada por las «extravagancias» de Kafka, por sus exigencias ascéticas y por la forma de vida que deseaba llevar con ella, estuvo muy indecisa e intentó varias veces cortar aquellas relaciones.

Greta hacía de intermediaria entre los dos, pero Kafka la sitúa en el «tribunal» que lo juzgó en el momento del rompimiento de su noviazgo. Así, habló de ella en su *Diario* de una forma alusiva que no disimula la aversión que por la joven experimentaba.

Pese a todo esto, si hay que prestar crédito a documentos recientemente encontrados, tuvo un hijo de Kafka, cuya exis-

A los dos años, con cara de «secreta ansiedad», según él mismo se calificó ya adulto.

tencia nunca fue revelada. Se supone, según se desprende de tales documentos, que ella sola educó a ese hijo, cuya identidad ignoró todo el mundo, y que falleció a los siete años de edad. Greta, que se refugió en Italia durante la guerra antes de salir hacia Israel, murió a manos de los alemanes en mayo de 1944. Fue por esa época cuando Kafka empezó a leer el *Libro del juez*, de Kierkegaard.

En 1914, Kafka conoció a Ernst Weiss, poeta y dramaturgo, cuya obra admiraba sinceramente. Debido a varias divergencias y opiniones distintas respecto al sionismo, su amistad con Max Brod sufrió por aquel entonces un enfriamiento bastante grande, pues Kafka no quería afiliarse con los judíos, ya que pensaba que con los mismos no tenían nada en común.

> *Apenas si tengo algo en común conmigo mismo y debería quedarme muy tranquilo en un rincón, satisfecho con poder respirar.*

Felicia también lo rechazó, esperando Kafka, no obstante, que la joven le permitiese abandonar Praga y reunirse con ella en Barkón, para conseguir su independencia.

Fue en mayo, hacia finales de ese mes, cuando se celebraron los esponsales en Berlín, al tiempo que los padres de Kafka alquilaban un apartamento en Praga, lo que significó otro cambio de domicilio.

Y el 8 de junio Kafka regresó a Berlín. Y según escribió:

> *Estaba amarrado como un criminal. Si me hubieran colocado en un rincón con auténticas cadenas y carceleros apostados frente a mí y no me hubiesen dejado mirar lo que ocurría sino así encadenado, no hubiese sido peor. ¡Y ésos eran mis esponsales!*

En aquellos días escribió *Tentación en la aldea*, que es una narración transcrita en su *Diario*, y en la que se ve ya una prefiguración de la misma en *El Castillo*.

A finales de julio se produjo una ruptura del noviazgo en el hotel Askanuscher Hof, en Berlín.

> *El Tribunal en el hotel. Al día siguiente no regresé a casa de sus padres... Carta poco decente y llena de coquetería: «No guarde usted un mal recuerdo de mí.» Arenga al pie del cadalso...*

Kafka, a continuación, se dirigió a Hellereau, Lübeck y Maryenlist, junto con Ernst Weiss y su amiga.

Había finalizado otra etapa de la vida de Franz Kafka, pues la etapa siguiente estuvo marcada por un acontecimiento en el que él, ni la mayoría de seres humanos, tuvieron arte ni parte: se declaró la Primera Guerra Mundial.

Escribió entonces a su padre:

> *Soy más joven de lo que parece. Ese es el único efecto positivo de la dependencia, lo que mantiene joven... Claro que eso sólo ocurre cuando termina. Pero en la oficina nunca podré llegar a gozar de esta ventaja. Y sobre todo, menos en Praga. Aquí todo está organizado de manera que yo, que en el fondo exijo dependencia, sigo sin salir de ella. Y es que lo tengo todo tan a mano... La oficina me es un estorbo y con frecuencia me resulta insoportable pero en el fondo, no me es pesada. Trabajando en ella gano más de lo que necesito. ¿Y para qué? ¿Para quién? Seguiré ascendiendo en la escala de salarios. ¿Con qué objeto...? Fuera de Praga no tengo sino toda clase de ventajas: puedo convertirme en persona independiente y de vida tranquila, llevar la de una persona que saca ventaja de todas sus capacidades*

*y cuya recompensa por un verdadero trabajo es el
sentimiento de estar realmente vivo y ser permanen-
temente un ser satisfecho.*

El deseo de huir de Praga le acompañó a Kafka toda su
vida para liberarse de la sujeción familiar y profesional.
Anhelo secreto que según su estado de ánimo unas veces
fue mayor y otras decreció. Ya en 1902 había escrito a su
amigo Oskar Pollak en estos términos: «Praga no me deja
escapar (...) esta madrecita posee garras...» Fue en los primeros años de su vida profesional cuando surgió firme en
su interior el plan de instalarse en Berlín y dedicarse exclusivamente en la capital alemana a la literatura. Era en el
único sitio en donde al igual que los demás escritores de
origen checo-judío, pensaba que existiría la mayor cantidad
de oportunidades de salvarse.

CAPÍTULO VII
LA PRIMERA GUERRA MUNDIAL

En realidad, poco le afectó a Kafka la Primera Guerra Mundial. En su calidad de funcionario no fue movilizado, aunque de haber pasado una revisión médica, seguramente no lo habría sido.

Fue su cuñado quien sí tuvo que ir al frente, mientras él seguía teniendo preocupaciones en la fábrica. Siguió manteniendo correspondencia con Greta e intentó reanudar sus relaciones con Felicia.

> *Por una rara coincidencia, señorita Greta, hoy precisamente he recibido su carta.*
>
> *No deseo decir en qué consiste esa coincidencia, pues ello atañe sólo a mí y a las ideas que concebí al acostarme a las tres de la madrugada* (suicidio, ya que escribió una carta dirigida a Max Brod, dándole instrucciones muy detalladas al respecto).

Aquél, no obstante, fue para Kafka un período de una asombrosa actividad literaria. Empezó *El Proceso*, y en el manuscrito, la protagonista de la obra aparece como F. B., llamándose en la obra Fraülien Bürstner, clara alusión por las iniciales a Felicia Bauer.

En el *Diario* hallamos anotado al término de aquel primer año de guerra:

Textos inconclusos: El Proceso, Recuerdo del ferro-carril de Kalda, El maestro de la aldea, *que se publicó con el título de* El topo gigante, El Fiscal, *junto con otros fragmentos más breves. Terminado solamente,* La colonia penitenciaria *y un capítulo de* El Desa-parecido (América), *ambos durante mis quince días de permiso. No sé por qué efectúo este inventario ¡esto no entra dentro de mis costumbres!*

También por aquel tiempo Kafka reanudó sus relaciones con Felicia, y los dos se encontraron en Bodenbach.

Juzgo imposible que jamás logremos entendernos, aunque no me atrevo a decírselo así, ni siquiera a confesármelo a mí mismo en los instantes decisivos... No cejo en ninguna de mis exigencias en cuanto a una vida extravagante, calculada únicamente con vistas a mi trabajo; ella, sorda a todos mis ruegos mudos, exige una vida media, un apartamento cómodo, interés de mi parte por la fábrica, una ali-mentación abundante, el sueño a partir de las once de la noche, un dormitorio con calefacción, y así sucesivamente...

Naturalmente, era imposible que dos personas tan dispa-res en sus gustos congeniasen ni un solo instante. Y Kafka siguió trabajando en *El Proceso.* Escribió también *Las con-fesiones de un perro.*

Historia del perro. Acabo de leer el comienzo. Es feo y provoca jaquecas. Escribo Bouvard y Pécuchet prematuramente. Si los dos elementos que están mar-cados de modo más intenso en El Fogonero y La colonia penitenciaria *no logran unirse, estoy lle-gando a mi final...*

Al año siguiente, en el mes de abril, buscó alojamiento personal, que primero halló en Bilkpva, y después en Dlouhá Trida. Durante aquellos días estuvo leyendo a Brod los capítulos quinto y sexto de *El Proceso*, y viajó a Hungría con su hermana Elli.

En octubre recibió el premio Fontane, por haberlo rechazado el poeta Carl Sternheim, en favor suyo.

El 3 de julio del año siguiente, 1916, se encontró con Felicia en Marienbad, y según escribió en su *Diario*: Puerta con puerta, una llave de ambos lados.

Escribió ese año varias narraciones de su recopilación de *Un médico de aldea*. En el mes de noviembre dio una conferencia en Munich, leyendo algunas de sus obras y varios poemas de Max Brod.

En 1917 se alojó en la Alchymistengasse, y más adelante en el palacio Schönborn. Cuando estuvo falto de carbón (lo que fue general) a causa de aquel invierno tremendamente riguroso, Kafka escribió *A caballo sobre el cubo del carbón*, título del que no puede decirse que fuese realmente demasiado inspirado.

Y fue en el mes de julio cuando celebró sus segundos esponsales con Felicia, aunque se produjo una nueva ruptura también en este caso.

Kafka enviaría una carta al padre de su prometida, en los siguientes términos:

> *Soy un hombre cerrado, taciturno, poco sociable, descontento, sin que todo ello constituya una infelicidad para mí, ya que es solamente el reflejo de mi meta. De mi modo de vivir en casa se puede sacar alguna deducción. Vivo en familia entre personas bonísimas y afectuosas, más extraño que un extraño. Con mi madre no he cambiado en estos últimos años más de veinte palabras de promedio al día; con mi*

padre, nada más que el saludo. Con mis hermanas casadas y con los cuñados no hablo en absoluto, sin que esto signifique que esté enojado con ellos. El motivo es absolutamente éste: no tengo absolutamente nada que decirles. Todo cuanto no es literatura me hastía y provoca mi odio, porque me molesta o es un obstáculo para mí, por lo menos en mi opinión. Carezco de toda sensibilidad para la vida de familia, salvo en el mejor de los casos, la del observador. No tengo en absoluto el sentido del parentesco y considero las visitas como patentes agresiones contra mí. El matrimonio no podría cambiarme, como no puede cambiarme el oficio.

Kafka aspiraba a una existencia serena, pura y perfecta, casi cabría decir santa. En sus famosos *Diarios* iniciados en 1910 y continuados casi sin interrupción hasta el mismo año de su muerte, manifiesta:

Una imagen de mi existencia sería una pértiga inútil cubierta de escarcha y nieve, elevada oblicuamente en el suelo, en un campo profundamente revuelto, al margen de una gran llanura, en una lóbrega noche invernal... Todo es fantasía, la familia, la profesión, los amigos, la calle; fantasía lejana o próxima, la mujer; pero la verdad más inmediata es apretar la cabeza contra el muro de una celda sin ventanas ni puertas (...) He asumido intensamente lo negativo de mi tiempo, ciertamente muy próximo a mí y que no tengo el derecho de combatir, sino que en cierto modo represento. Ni en lo poquísimo positivo, ni en lo negativo... participe en modo alguno...

Sus cinco tentativas de contraer matrimonio acabaron en fracaso, dejó sin terminar una gran parte de sus libros y su obra le sobrevivió en contra de su voluntad expresa. Kafka vio en Kirkegaard y en Flaubert algunas prefiguraciones de su destino: la soledad irreprimible, el sentimiento de culpabilidad, la satisfacción del deseo de unidad y unión desesperada buscando el arte. Si Kafka vivió la enfermedad como el castigo de un misterioso pecado, existió también «la herida, de la cual los pulmones es sólo el símbolo», como diría su amigo Marx Brod.

CAPÍTULO VIII
EN EL AMBIENTE RURAL

En agosto de 1917, Franz Kafka sufrió su primera hemoptisis.

Fue Max Brod quien el 24 de ese mismo mes anotó en su *Diario*:

> *Medidas contra la enfermedad de Kafka. La considera como psíquica, como una especie de fuga ante el matrimonio. La llama «mi derrota definitiva». Ve en la enfermedad un castigo por haber deseado tan a menudo una solución violenta. Pero encuentra que ésta es demasiado grosera. Cita contra Dios, de Los maestros cantores: Lo hubiera creído más sutil.*

Sólo mediante varios ruegos, Brod consiguió que Kafka consultara a un médico. Y fue el 4 de setiembre cuando el profesor Pick comprobó la existencia de una enfermedad pulmonar que podía ser una tuberculosis.

El 15 de setiembre escribió en su *Diario*:

> *Tienes, si por casualidad existe esa posibilidad, la de llevar a cabo un comienzo. No la pierdas. Si deseas penetrar en ti, no evitarás el lodo que acarreas, mas no te revuelques en él. Si, como lo pretendes, la herida de tus pulmones no es sino un símbolo, símbolo de la herida cuya inflamación se llama*

F. y cuya profundidad se llama justificación y si es
así en realidad, entonces los consejos de los médi-
cos, de aire, sol, luz y descanso, también son un sím-
bolo. Echa mano de ese símbolo. Ah, mis pulmones
se han confabulado con mi cabeza a mis espaldas.

Debido a varios motivos que, en parte tienen que ver con
la explicación que él daba de su enfermedad y, sobre todo,
con su categórica oposición a los métodos de la medicina oficial, Kafka se negó a ingresar en un sanatorio. Pidió y obtuvo
un permiso de tres meses y se marchó a vivir a casa de su hermana Ottla, que estaba administrando una explotación agrí-
cola en Zürau.

Y fue allí, en Zürau, cerca de Zatec, en Bohemia, donde
efectuó la lectura y la crítica de varios textos de Kierkegaard,
de la Biblia, donde estudió hebreo, y donde escribió sus
Aforismos, cuadernos «en ocho», llevados paralelamente con
el *Diario*.

Tras conseguir evadirse de Praga, Kafka estuvo por primera vez en contacto con la vida rural checa, que para él
era una nueva vida extraña, incomprensible y a la vez fascinante, vida que describió en *El Castillo*, que empezó unos
años más tarde.

Carácter inaccesible de H., el mayordomo de la
señorita y de Marenka. En el fondo me siento tan
molesto ante ellos como ante los animales del esta-
blo que, cuando se les ordena algo, nos sorprenden
obedeciendo.

La impresión general que me producen los cam-
pesinos: son unos nobles que han buscado refugio
en la agricultura, donde han organizado su trabajo
con tanta sabiduría y humildad, que se ingiere sin la
menor falta en el conjunto de las cosas y que se

PRAGUE *M. Klempfner* TEPLICE

Apenas con cinco años de edad ya había presenciado la muerte de dos hermanos pequeños.

hallan, ellos, protegidos contra todo balanceo y todo
mareo hasta la hora bienaventurada de su muerte.
Verdaderos ciudadanos de la tierra, eso son los cam-
pesinos.

El 21 de septiembre recibió la visita de Felicia, y Kafka
pensó de ella que se equivocaba en las pequeñas cosas, y también cuando defendía sus derechos, pretendidos o reales, pero
que en conjunto era una muchacha inocente, una inocente,
empero, condenada a una cruel tortura...

El 1.º de octubre le envió a Felicia una carta, que tal vez
fuese la última:

Si me examino a fondo para conocer mi objetivo
final, compruebo que no aspiro verdaderamente a
ser bueno y a ajustarme a las exigencias de un tri-
bunal supremo; mas por el contrario, procuro abra-
zar con la mirada la total comunidad de los hombres
y de los animales.
Resumiendo, pues, tan sólo me importa ese tribu-
nal de los hombres que, por añadidura, quiero enga-
ñar, sin por ello cometer fraude alguno.

Fue en diciembre de ese año cuando se produjo el rompimiento definitivo del noviazgo, después de un encuentro final
en Praga.

Lo que debo hacer no debo hacerlo más que solo.
Llegar al conocimiento de las cosas últimas. El judío
de Occidente no ha llegado hasta allí y por eso no
tiene derecho a casarse. No son casamientos.

Estas son unas palabras que transcribió Max Brod.
Felicia Bauer se casó un año más tarde. Había, al fin, hallado
la felicidad según sus gustos y preferencias.

56

En 1918, Kafka finalizó las narraciones de *El médico rural*, y escribió *A caballo sobre el cubo del carbón* y los diversos fragmentos que forman *La muralla china*. Escribió desde Zürau, a propósito de la solicitud de una actriz que deseaba realizar una lectura de extractos de sus obras en Francfort:

> *No envío nada a Francfort. No veo de ningún modo que ese asunto pueda interesarme. Si enviara algo, lo haría tan sólo para satisfacer mi vanidad; si no envío nada, sigue siendo mi vanidad la que me inspira, pero no solamente ella, lo cual ya es mejor. Los pasajes que podría enviar no significan absolutamente nada para mí, sólo respeto el momento en que los escribí...*

Kafka fue preparando el volumen de *El médico rural*, que sí deseaba publicar. Y le escribió a Brod dándole las gracias por haber mediado ante Wolff. Añadió que, «desde que me he decidido a dedicar este libro a mi padre, tengo sumo interés en que aparezca pronto, y no es que yo espere apaciguar con ello a mi padre, ya que las raíces de esa hostilidad resultan de imposible extirpación, pero si no me he puesto en camino hacia la Palestina, al menos la habré tocado con el dedo en el mapa...».

Aquel verano regresó a Praga. Kafka, como de costumbre, ocupó de nuevo su puesto en la oficina y por las tardes se dedicaba a la jardinería. También continuó el estudio del hebreo. Ansiaba ya una soledad absoluta. Incluso le pidió a su gran amigo Max Brod que dejase de ir a verle.

Brod escribió a este respecto: «Se siente mejor en Praga, ya que en Zürau no hacía nada. Aquí considera el hebreo y la jardinería como valores positivos de su vida... Quiere abandonar todo lo demás...»

En el verano de 1919, Kafka estuvo viviendo solo en Zelizy, muy cerca de Liboch, y allí, en la casa de huéspedes de Stüdl, conoció a su segunda novia, Julia Wohryzek, con la que también rompió unos meses más tarde.

Fue aquel verano cuando se publicó *El médico rural* y Kafka regresó a Praga.

En noviembre escribió su *Carta al padre*. Se trata, en realidad, de un documento que constituye casi un libro pequeño, y que jamás fue enviado a su destinatario, puesto que la madre creyó más prudente guardarlo en su poder. Max Brod sitúa la redacción de esa carta durante la segunda estancia de Kafka en Zelizy, que realizó en compañía de Brod. También aquel año, en diciembre, se publicó *La colonia penitenciaria*.

A partir de aquel fin de año se agravaría por momentos la enfermedad de Kafka y proliferó su estancia en varios sanatorios y residencias.

CAPÍTULO IX
RELACIONES CON MILENA

En 1920 efectuó una cura en Merano, y dio comienzo a la correspondencia con Milena Jesenskâ-Pollaková. Era una muchacha procedente de una antigua familia checa de Praga, un espíritu apasionado y escritora de gran talento.

Cuando descubrió la profundidad y originalidad del genio de Franz Kafka que, no obstante, estar muy cercano a su medio, estaba muy lejos de verse reconocido, decidió traducir al checo varios textos, entre los cuales se hallan *Contemplación* y *El Fogonero*.

Esta correspondencia, que se inició en un tono de simpatía amistosa y casi profesional entre ambos, y que solamente se conoce por las cartas de Kafka, fue señalando las etapas de un amor torturado, condenado desde el comienzo al fracaso, tanto por el propio Kafka como por los obstáculos externos, pues Milena se hallaba unida por unos vínculos extraños y misteriosos a un esposo que no hacía de ella mucho caso.

Milena, desde el principio, se mostró tiránica y exigió que, al regreso a Praga, Kafka pasara por Viena. Pero Kafka se resistió, sintiéndose aterrado.

No quiero (ayúdeme usted, Milena, y comprenda más de lo que digo), no quiero (no se trata de balbuceo), no quiero ir a Viena porque es un esfuerzo moral que no podré soportar. Me encuentro moral-

mente enfermo; el mal de los pulmones no es más
que un desbordamiento del mal moral...

Sin embargo, después de luchar vanamente, cedió y finalmente pasó por Viena, donde estuvo sólo cuatro días.

Cuando volvió a Praga rompió su compromiso, como lo exigía autoritariamente Milena, con la joven con la que debía casarse, lo que provocó un drama terrible en la vida de la muchacha, ignorando que el fin de Kafka estaba muy próximo, por lo que ella, en realidad, se libró de otro mal mucho más doloroso.

Kafka, por su lado, volvió a la oficina. Las cartas de Milena le mantenían en un perpetuo estado de espera ansiosa, lo que agravaba sus insomnios y apresuró el progreso de su enfermedad.

Le pidió a Milena que abandonase Viena para vivir junto a él, pero ella se negó, puesto que no se decidía a dejar su hogar que, pese a todo, se estaba desintegrando.

Día a día se sucedían cartas y telegramas, con gran espanto de Kafka, que intentaba hacerle comprender a Milena la naturaleza y la sinceridad de sus temores:

Se trata, en realidad, de una cosa que me quita
toda la voluntad, juega conmigo según su capricho,
no sé ya dónde se halla lo alto ni lo bajo, la derecha
ni la izquierda...; además, con tus últimas cartas se
mezclaron dos o tres reflexiones que me hicieron feliz,
mas con una felicidad desesperada, pues si lo que
dices convence inmediatamente a la razón, el cora-
zón y el cuerpo, una convicción más profunda se le
opone, cuya sede desconozco y a la que, sin la menor
duda, nada puede convencer. Pero que no se trata
aquí de los valores supremos es cosa de la que dudo

mucho, pues ese miedo no me es personal sino el
miedo propio de toda fe, desde siempre...

A pesar de todo esto, subsistían proyectos de una vida en común, cuya ejecución, Milena, bajo el pretexto de una enfermedad de su esposo, difería sin cesar.

¿Por qué hablarme, Milena, de un porvenir común
que jamás existirá? Pocas cosas hay seguras, pero
una de ellas es que jamás viviremos juntos en la
misma casa, codo con codo, a la misma mesa; jamás,
ni siquiera en la misma ciudad...

Por aquellos días, el estado de salud de Kafka sufrió una recaída y tras resistirse mucho, consintió en acudir a un sanatorio. El final del año, pues, lo pasó en los montes Tatra, en el sanatorio Tratanské Matliary, de Eslovaquia, donde trabó amistad con Robert Klopstock, joven estudiante de medicina, tísico como él, que más tarde abandonó sus estudios para cuidar sólo de Kafka.

Ya en 1921, estando en Tatra, Kafka le pidió a Milena que dejara de escribirle e impidiese por todos los medios que ambos llegaran a encontrarse. Milena, pese a su desesperación obedeció, aunque sí le envió una carta a Max Brod en la que le manifestaba:

Ni que decir que no escribiré a Franz y si es cierto
que los seres tienen una tarea que cumplir en esta
Tierra, muy mal he cumplido la mía para con él. Pero
me hallaba indisolublemente soldada a esta tierra,
no me sentía capaz de dejar a mi esposo, quizá tam-
bién era demasiado mujer para tener la fuerza de
someterme a esa vida para la cual sabía que signi-
ficaría el ascetismo más absoluto, para siempre. Que
me ama, lo sé.

Es demasiado bueno y demasiado púdico para poder dejar de amarme. Vería esto como una falta, pues siempre se considera culpable y débil. A pesar de esto, no hay en todo el mundo un ser dotado de su inmensa fuerza; esa absoluta e inquebrantable necesidad que le impulsa hacia la perfección, la pureza, la verdad: así es. Hasta la última gota de mi sangre sabré que así es...

Mujer cultivada y lúcida, de pasiones ardientes, Milena no se parecía en nada a las mujeres con las que Kafka se había relacionado anteriormente. ¿Podría haber escrito a Felicia en el lenguaje que lo hacía con Milena? En absoluto. Milena era una apasionada lectora de Dostoievski y de gran parte de la novelística del siglo XIX y contemporánea. Representante sin rubor de un feminismo que escandalizaba a aquella hipócrita sociedad checa, tenía un no sé qué de firmeza, mujer autorrealizada y atractiva a un tiempo, como salida de una novela romántica en pleno siglo XX, digna descendiente de las hermanas Brontë.

Quien desee acercarse a la torturada intimidad kafkiana no puede dejar de leer las cartas que escribió a Milena. El malogrado escritor confió en ella, hasta el punto de dejarle leer el manuscrito de *El Desaparecido*, una carta escrita a su padre y su diario íntimo. Pero no se atrevió a dar el paso decisivo. Y ella misma le tuvo miedo, demasiado joven para un hombre ya caduco minado por la enfermedad. La innata bondad de Kafka hacía que no quisiera destruir a su amada y ella, que sabía leer entre líneas, se dio cuenta de que al lado de Kafka probablemente terminaría por ser destruida.

Milena poseía un temperamento vital, apasionado, que producía desazón en un Kafka ya muy debilitado. Por eso optó con mucho dolor por la decisión final, no muy grande por cierto, porque se daba cuenta de que aquel amor imposible

Su infancia fue la de un niño acomodado pero infeliz, encerrado en si mismo.

no podía resolverse y no conducía a ninguna parte y Milena terminó por comprender:

> *Kafka vive sin el menor refugio, sin albergue. Y así está expuesto a todo aquello de lo que nosotros estamos defendidos. Está desnudo entre los que ya van vestidos.*

Kafka se sentía tan mal que cuando Milena le visitaba, pensaba que ella tomaba sus manos sólo por compasión. Pero aquella correspondencia entre Praga y Viena que terminó haciéndose cada vez más irregular hasta la ruptura definitiva, es un modelo de encendida prosa a la vez romántica y existencial, como pocas veces se han escrito.

CAPÍTULO X
LOS ÚLTIMOS AÑOS

A mediados de 1921, Kafka volvió a Praga. Y el 15 de octubre escribió en su *Diario* que le había dado aproximadamente una semana atrás todos sus cuadernos a Milena, a pesar de lo cual no se «sentía más libre».

El 1.º de diciembre, Milena, que había estado a verle cuatro veces, se marchó a Praga. Y Kafka a continuación escribió:

> *Existe un largo trecho entre el punto en que no estoy triste por su partida, no verdaderamente triste, y aquél en el que, sin embargo, me siento infinitamente triste a causa de su partida. Por cierto, la tristeza no es lo peor.*

En 1921 fue cuando Kafka inició *El Castillo*, en el que, según sugirió Brod, la trama mas íntima la constituye el amor de su autor por la joven Milena.

En el año 1922 estuvo en Spindelmühle y a principios de febrero regresó a Praga. El 15 de marzo le leyó a Brod varios capítulos de *El Castillo*.

Luego, a finales de julio, estuvo en Plana-an-der-Luschnitz con su hermana Ottla, regresando poco después a Praga.

En julio de 1923 estuvo de vacaciones en Müritz, a orillas del Báltico. Unos meses más tarde Kafka le envió una carta a Milena, que era como la última, su despedida:

Había ido a Müritz. Deseaba ir a Palestina en el mes de octubre, hablábamos de ello... Se trataba de una fantasía como puede tenerla un señor que está convencido de que no abandonará ya jamás su cama. Fuera de que no puede salir de ella ¿por qué no ir por lo menos a Palestina? Ahora bien, en Müritz hallé la colonia de vacaciones de un Hogar judío de Berlín; sobre todo, de los judíos del Este. Me sentía muy atraído, se encontraba en mi camino. Me puse a considerar la posibilidad de instalarme en Berlín. Sobre este punto hallé en Müritz una ayuda prodigiosa en su género...

Esa ayuda a la que se refería Kafka era la de Dora Dymant, que al convertirse en su compañera le dio en los últimos meses de su existencia la paz y la felicidad. De unos veinte años de edad, Dora procedía de una familia jasídica de Polonia. Aunque evadida muy pronto del estrecho círculo de la tradición familiar y religiosa, conservó, no obstante, fuertes vínculos con el judaísmo del Este, cuya nostalgia conservaba Kafka desde la época de su amistad con Löwy. Por eso, ella le brindó la posibilidad de liberarse de Praga, de su familia y de los que él llamaba en general «sus fantasmas».

Cuando volvió a Praga en agosto, Kafka decidió su marcha sin tener en cuenta las objeciones de sus familiares. Y en setiembre estuvo en Schelesen, en casa de su hermana.

Posteriormente, a finales del mismo mes, se instaló definitivamente en Berlín con Dora, dividiendo su tiempo entre el estudio del hebreo (Dora era una distinguida hebraísta), y una intensa actividad creadora. Así, de esa época corresponden: *Una mujercita, Josefina la cantante* y *La Madriguera*.

Aquel invierno el frío fue intenso, y Berlín vivió la pesadilla de la inflación. El espectáculo de la miseria espantosa que lo rodeaba afectó tanto a Kafka que, al regreso de un paseo, según Dora, ofrecía el aspecto de quien sale de una contienda. Los dos padecieron falta de carbón y otros artículos, no disponiendo para malvivir más que de su escasa paga de jubilación de funcionario. Sólo en último extremo aceptó la ayuda de sus padres.

Luego, entre la Navidad y el Año Nuevo se sintió atacado por grandes accesos de fiebre que, poco después, se calmaron. Entonces se mudó a casa de la viuda del poeta Karl Busse, donde llevó una vida muy retirada. Siempre hablaba de irse con Dora a Palestina, donde se ganarían la vida, él como camarero y ella como cocinera. Le pidió a Dora (y ella le obedeció) que quemara varios manuscritos ante sus ojos, entre los cuales se hallaba un relato inspirado en el proceso de Beilis, o sea un homicidio ritual ocurrido en Odesa, y un drama cuyo argumento se desconoce.

En 1924 el estado de Kafka empeoró visiblemente, y el escritor sufrió su postrera derrota: tuvo que volver al seno de su familia en Praga. Luego, lo trasladaron apresuradamente al sanatorio de Wiener-Wald, y tras comprobarse la existencia de una laringitis tuberculosa, fue llevado a la clínica del profesor Hajek, en Viena. Allí fue muy mal tratado, por lo que sus amigos pidieron que le concediesen una sala separada, pero el profesor Hajek se negó a ello.

A finales de abril fue conducido al sanatorio de Kierling. Padecía grandes dolores laríngeos y apenas podía comer ni beber. Como tampoco hablar, y lo tenía, además, prohibido; se expresaba mediante notas, que se han conservado. Y cuando le pidió al padre de la joven el consentimiento para casarse con Dora, aquél le respondió con un rotundo y escueto: No.

La víspera de su muerte, Kafka escribió a sus padres una larga carta, en la que recordaba cosas de su infancia. Luego, aún corrigió las pruebas de *Un campeón del ayuno*, que acababa de recibir y le dio indicaciones al editor para la composición y la presentación de la obra.

Y por fin, el martes, 3 de junio de 1924, Kafka entró en la agonía. Hizo salir de la habitación, bruscamente, a la enfermera que le atendía, y exigió una inyección de morfina. Y cuando Klopstock se la negó, exclamó:

«Máteme, si no; usted es un asesino.»

Después... falleció.

Fue enterrado en el cementerio judío de Praga-Straschnitz, en la misma tumba de sus padres.

Cuando murió, Franz Kafka era sólo conocido por un pequeño círculo de intelectuales. Su fama póstuma se debió, exclusivamente, a que su amigo Max Brod contravino sus órdenes de destruir todos los manuscritos inéditos y de no volver a editar los ya publicados. Su amigo Max se apresuró a hacer exactamente todo lo contrario. Se lanzó a editar su obra y a propagarla el máximo posible, hasta hacerla famosa.

El interés por Kafka se inicia durante el período hitleriano, sobre todo en Francia y en el mundo anglosajón. En Alemania, en cambio, sus obras estaban prohibidas. Sus dos hermanas murieron en los campos de concentración nazis. Sólo después de la guerra se extendió su fama por Alemania y Austria y comenzó allí su influencia literaria. Influencia que iría penetrando más tarde hasta la década de los sesenta, en la vida política, literaria e intelectual de la Checoslovaquia comunista y de la vieja Praga, su capital, la ciudad que acogió sus restos y los de su familia.

Kafka manifestó, durante toda su vida adulta, simpatías por el socialismo y asistió a las reuniones de los anarquistas checos antes de la Primera Guerra Mundial. Su interés por el ghetto y el mundo judío que le envolvía no se iniciaría hasta 1911-1912, a través del contacto con un grupo de teatro *yiddish*, la antigua lengua conservada por las comunidades hebreas establecidas desde antiguo en la Europa central, a semejanza del *sefardí*, que fue la lengua (castellano antiguo) conservada por los judíos expulsados por los Reyes Católicos de España (estos judíos denominaban *Sefarad* a España). Su estudio del pensador danés Kierkegaard (1813-55) mostró ya una preocupación creciente por los diversos aspectos del judaísmo y en 1918 inició con ahínco el estudio de la lengua hebrea y de la mística judía.

Sin embargo, el sueño de la reconstrucción de la nueva Sión y su deseo de profundizar en el estudio de la cultura de sus antepasados no le pudo liberar de su condición y de su trágico destino. Kafka estaba convencido de que la tuberculosis que puso fin prematuramente a su vida era una enfermedad psicosomática, una conspiración de la cabeza y el cuerpo para poner fin de una vez a los dilemas indisolubles y las luchas internas en que vivía.

CAPÍTULO XI
LOS LIBROS

Pasemos ahora a realizar un análisis sintetizado de los libros más importantes de Franz Kafka, escritos desde 1907 hasta 1922 aproximadamente.

PREPARATIVOS DE BODA EN EL CAMPO

Es éste un relato sin concluir, de tres manuscritos de extensión diversa, que proporcionan tres variantes del comienzo. En la primera versión, un breve pasaje evoca de manera divertida el tema de La metamorfosis:

> *Cuando estoy en la cama creo tener la silueta de un coleóptero, de un lucanio o de un abejorro... La enorme silueta de un coleóptero, sí. Y luego me las arreglo para hacer creer que se trata de un sueño invernal y aprieto mis patitas contra mi hinchado vientre...*

Eduardo Raban, un joven empleado que está a punto de casarse, sale de su casa para ir a pasar dos semanas al campo con la familia de su novia.

Llueve, pese a ser verano; protegido bajo el portal de su casa, Raban espera a que cese la lluvia; observa atentamente el tránsito callejero donde sin cesar su mirada choca con pantallas (niños, transeúntes, caballos, vehículos) que, al trasladarse descubren otras pantallas que, a su vez, se descubren sin que jamás tenga una imagen de conjunto de la calle.

Después, se decide a abandonar su refugio, y con la maleta en una mano y el paraguas en la otra, se atreve a enfrentarse con la calle. Fatigado e inquieto, se abre penosamente paso a través de la multitud y piensa en los sinsabores de la vida familiar, que le aguardan en algún sitio perdido. Para darse ánimos se dice: «¿Por qué no hacer lo que hacía cuando niño en los momentos de peligro? Ni siquiera necesito ir yo mismo al campo; envío mi cuerpo vestido...»

Pero llega a la parada del tranvía que ha de llevarlo a la estación. Se pone en la cola; alguien lo llama. Se trata de Lement, un amigo que le ha fallado, puesto que debía marchar con él al día siguiente. Tras intentar retrasar la partida, Lement se aleja de él con palabras irónicas. Tan pronto se halla solo, Raban anhela equivocarse de tren. Pero llega justo a la hora y sube a un compartimiento repleto, donde continúa el juego del calidoscopio.

Cuando se apea, sigue lloviendo y es la lluvia la que pone entre su mirada y los objetos un velo confuso, opaco. Halla, con cierta dificultad, el severo ómnibus que debe tomar para ir a la aldea; el cochero no llega y permanece un largo instante solo en la oscuridad.

Cuando, por fin, parte el carricoche, en medio de las groseras explicaciones del cochero y de las terribles sacudidas del vehículo, Raban, disgustado, concibe acerca de su novia diversos pensamientos (antes ya había sacado del bolsillo su fotografía, examinándola con ojos críticos, por lo que ha visto que va mal vestida y tiene los hombros caídos, aunque todos reconocen que sus ojos son bonitos), los que finalmente terminan en celos.

DESCRIPCIÓN DE UN COMBATE

Es una narración compuesta por diversas partes engastadas entre sí y casi independientes.

Dos jóvenes se hallan casualmente en una velada. Salen juntos y dan un paseo nocturno por Praga. Su charla, casi incomprensible, tiene lugar por entero sobre la superficie de las cosas, bajo la cual se libra, no obstante, un misterioso combate. El narrador formula sin cesar preguntas que el amigo ocasional le responde con gran indiferencia, gozando de una superioridad que proclama abiertamente, ya que está enamorado. El *yo* del relato lo sigue con renuencia, pero no logra abandonarle sin haber establecido sobre él una clara superioridad, declarando finalmente que está de novio, y triunfando su parte de esta manera.

En el relato principal de la obra hay incluidos algunos fragmentos que no parecen tener relación inmediata alguna con la historia en sí, como el episodio del obeso que, antes de hundirse en un río que lo arrastra rápidamente, narra su encuentro con el piadoso, que ha determinado el curso de su vida y es el verdadero responsable de su ahogamiento.

El piadoso es un ser tan problemático, tan atormentado por la duda como el *yo* del relato. (Se libra a espectaculares ejercicios de piedad a fin de ser mirado y recibir un cuerpo.)

El encuentro del piadoso con el borracho clausura esa serie de fantasmas donde cada *yo* surge de lo informe o de la nada, e intenta, antes de desvanecerse, experimentar el mundo por lo que toca a su solidez. Así es cómo el piadoso se siente turbado hasta el alma por una frase que ha oído en su infancia y que, en su perfecta trivialidad, testimonia de manera harto incomprensible para él, la credibilidad del mundo exterior.

Para defenderse de los ataques que los objetos llevan contra su frágil existencia, emprende la tarea de cambiarles el nombre: «A Dios gracias, Luna, ya no eres Luna aunque tal vez sea por indolencia que aún te llamo Luna, objeto-llamado-Luna. ¿Y por qué eres menos arrogante si te llamo linterna de papel olvidada, extrañamente coloreada?»

Con lo cual anuncia la incansable tranferencia de nombres que constituye el mismo movimiento del arte de Kafka.

EL VEREDICTO

Por su tema central, o sea el juicio, *El Veredicto* está emparentado con *El Proceso* y *La colonia penitenciaria*; por su ambiente y la situación de que trata, se acerca más a las historias «familiares», de las que *El mundo ciudadano* y *La Metamorfosis* representan el exponente más puro.

Su estilo, alejándose radicalmente del expresionismo lírico que todavía se disemina en sus primeras obras, es el de la madurez, y su perfección, su transparencia, su sencillez, son ya el resultado del realismo riguroso hacia el cual, pese a las apariencias, Kafka nunca dejó de tender.

El joven Georg Bendemann tiene un amigo que, unos años antes, emigró a Rusia. Un domingo por la mañana se decide a escribirle, tras muchas vacilaciones, para anunciarle sus esponsales con una joven rica, Frieda Brandenfeld. (Obsérvese que las iniciales se corresponden con las de Felicia Bauer.)

El amigo lleva una existencia precaria y solitaria en una Rusia «expuesta a las revoluciones», donde sus intentos han fracasado uno tras otro.

Por discreción y no envanecerse de sus éxitos, Georg no le había escrito todavía. Luego de reflexionar un momento mientras contemplaba el río que discurre al pie de su ven-

74

Su padre, Hernann, había esperimentado en su infancia la más terrible de las miserias.

tana, Georg coge la carta y se dirige a casa de sus padres. Está penosamente impresionado por el estado de debilidad y abandono en que halla a su anciano progenitor, reprochándose haberle desatendido durante tan largo tiempo.

El padre, efectivamente, ya está un poco senil y repite sin comprenderlas las palabras de Georg, pareciendo haber olvidado la existencia del amigo. Con grandes remordimientos, Georg levanta a su padre en brazos y lo acuesta. Mas, no bien está en cama, el padre se transforma de un modo asombroso, se incorpora y proclama un violento alegato contra Georg, del que se destaca que no ha olvidado nada y que conoce muy bien al amigo. Luego, acusa a su hijo de haber apresurado la muerte de su madre a causa de su mala conducta, de haber querido reducir al padre a la impotencia para satisfacer su lujuria y de haber traicionado a su amigo de la juventud.

Fascinado por la omnipotencia del padre y paralizado por aquella acusación, Georg se hace el firme propósito de observarlo todo atentamente para no correr el riesgo de verse sorprendido indirectamente, por detrás o por arriba, pero se olvida de esta decisión.

Y es con espíritu ausente y «flotando en una semidistracción» cómo oye la sentencia:

> *¡Cuánto tiempo has tardado en madurar! En el fondo, eres un niño inocente, pero más en el fondo aún, un ser diabólico. Y por lo tanto, debes saber esto: te condeno en este instante a morir ahogado.*

Tan pronto como se pronuncia el veredicto, Georg se apresura a cumplirlo. Aferrado al parapeto, como un hambriento a la comida, Georg se arroja al río dirigiendo a sus padres una última palabra de amor.

LA METAMORFOSIS

Una mañana, al despertar, Gregorio Samsa, después de un sueño muy agitado, se encuentra convertido en un gigantesco insecto, concretamente en un escarabajo.

Durante las primeras horas, su conciencia todavía se halla entorpecida por las preocupaciones de la vida cotidiana, y medita sobre los pesares de su profesión, pues es viajante de comercio y trabaja con ahínco para sostener a la familia, que padeció reveses de fortuna, y también en su proyecto de enviar a su hermana al Conservatorio para aprender a tocar el violín, proyecto del que sus padres no quieren oír hablar, pero que le consuela de su vida mediocre.

Pese a que la hora de levantarse haya pasado, no puede efectuar ningún movimiento, puesto que su nuevo cuerpo no le obedece. Al contestar a su madre y hermana, a quienes muy pronto les extraña su retraso, comprueba que también su voz es ininteligible. Sus padres y su hermana, a quien se agrega ya el gerente de su patrón, le ruegan encarecidamente que abra la puerta; no lo logra sino después de grandes esfuerzos, y más tarde, cuando la puerta está abierta, espera que entre alguno de los suyos, pero no entra nadie.

Su aparición provoca el horror general; su padre le hace entrar profiriendo violentas amenazas. En adelante, permanece encerrado en su cuarto donde tan sólo su hermana viene a verle; le lleva cada día su comida, pero sin dirigirle la palabra.

Un día, mientras su hermana asea la habitación, sale y es sorprendido por su padre que, furioso, le persigue y bombardea con manzanas, una de las cuales se incrusta en su espalda, donde se pudre.

Sin embargo, adoptan la costumbre de dejar la puerta de su cuarto entrabierta durante la noche, para hacerle comprender que se le considera siempre como un miembro de la familia.

Poco a poco, incluso su hermana se olvida de él, se halla sucio, abandonado, pierde el apetito y se le oscurece la vista.

Un último choque con su familia le propina el golpe definitivo. Una noche, los tres señores que la familia ha tomado como inquilinos para aumentar sus ingresos, piden a la hermana que toque el violín. Atraído irremediablemente por la música se olvida de su condición y aparece de improviso, «gigantesco y cubierto de polvo», a los ojos de los tres señores escandalizados. Retorna a su cuarto realizando una maniobra larga y dolorosa, y su hermana echa el pestillo a la puerta tras él. La hermana les propone a los padres librarse de Gregorio por cualquier medio; éste le da la razón y asiente, aunque lamenta que haya de irse, medita hasta las tres de la madrugada y muere sosegadamente.

Por la mañana, la criada halla su cuerpo y anuncia su muerte a los padres. La noticia provoca un enorme alivio en todos. Después, deciden irse al campo para celebrar el suceso. En el tranvía, el padre y la madre comprueban, conmovidos, que su hija se ha convertido en una hermosa joven y que ya es tiempo de casarla.

EL DESAPARECIDO (más conocido como) *AMÉRICA*

Lo empezó en 1912 y continuó en los años siguientes, pero no lo terminó, faltando varios capítulos y el final. El primer capítulo es El fogonero, publicado en mayo de 1913 por la editorial Kurt Wolff, de Leipzig.

Karl Bossmann, un joven de dieciséis años, ha sido enviado a Norteamérica por sus padres, que así le castigan por haber seducido a una sirvienta, que la ha dado un hijo.

En el buque de emigrantes que lo lleva a Nueva York, traba amistad con un fogonero, que se queja de haber sido víctima de una injusticia.

Convencido al momento del derecho que asiste a aquel hombre que le inspira verdadero amor, Karl decide acompañarle a la presencia del capitán y ayudarle a defender su causa. Pese al calor que pone en ello, no consigue ganar la causa del fogonero, contra quien todo el mundo está predispuesto y que, por lo demás, se halla ya resignado.

Llegado casualmente al despacho del capitán, Karl es reconocido por un caballero que dice ser su tío, y que precisamente le iba buscando. Al perder al fogonero, de quien se separa con lágrimas en los ojos, Karl gana un tío, pero se pregunta si éste logrará compensar la pérdida de su amigo.

Luego, adoptado por su tío, Karl se inicia en la vida norteamericana e intenta conformarse con los deseos del tío. Este no da órdenes ni pronuncia prohibiciones formales, sino solamente indicaciones cuya importancia debe comprender Karl.

Así, su tío permite que vaya al campo con uno de sus amigos, pero lo desaprueba. Mas como Karl parte inocentemente, esa ruptura con el método implacable del tío trae consigo una ruptura con el propio tío, quien despide a Karl sin volverlo a ver.

Desde ese instante, Karl se convierte en el vagabundo indeseable que, a pesar o a causa de su buena voluntad, de su sentido de la justicia y de su honradez, es maltratado, explotado y despedido de todas partes.

Pero no se deja abatir y tras escapar al influjo de Robinson y Delamarche, dos vagos que son el origen de sus desdichas y le han obligado a servir a Brunelda, una antigua actriz gorda y tiránica, halla finalmente un puesto en el gran teatro de Oklahoma «que emplea a todo el mundo y coloca a cada uno en el lugar que le corresponde».

Se emplea con el nombre de Negro y parte con un compañero. Como falta el último capítulo, es imposible saber si encuentra realmente el paraíso de inocencia prometido en los carteles y, en tal caso, de qué manera el desenlace se compagina con el final anotado por Kafka en su *Diario*.

TENTACIÓN EN LA ALDEA

Por su temática, ese relato podía ser un esbozo de *El Castillo*.

Un individuo intenta pernoctar en una aldea desconocida que le atrae. Entra, sin ser invitado, en una granja donde no le ordenan ni quedarse ni marcharse. Pasa finalmente la noche en el granero junto a unos niños a quienes causa, sin querer, una gran agitación. Arrojados fuera de sus lechos, los niños empiezan a correr por todas partes y el hombre los sigue...

RECUERDO DEL FERROCARRIL DE KALDA

Es un relato también inconcluso, según el *Diario* del mes de agosto de 1914:

> *Entonces, uno ha salido por esa noche tan completamente de su familia, como no sería posible que ocurriese de manera más convincente con los más lejanos viajes, y se ha vivido una aventura que, en razón del extremo grado de soledad que representa para Europa, no se la puede calificar sino de rusa.*

En el argumento, un hombre cuenta la vida que ha llevado como ferroviario en una pequeña línea perdida en el más remoto rincón de Rusia. No ve más que a algunos aldeanos, de vez en cuando, un inspector que se comporta primero como jefe implacable y acaba emborrachándose con él.

Sufre con el frío y las ratas, que impiden su sueño y amenazan su cabaña. Finalmente, contrae una tos suave que la gente del lugar denomina «tos de lobo», y pese a las tisanas que le hacen beber siguiendo unos ritos antiguos, la tos no se cura y el hombre prevé que le será preciso marcharse a Kalda.

EL PROCESO

Lo empezó en 1914 y lo continuó en los años sucesivos, quedando sin concluir.

La Leyenda se publicó en 1919, con el título de *Ante la ley*, lo mismo que *Un sueño*, sueño de José K, que no figura en la novela.

El 30 de mayo de 1914, Kafka partió hacia Berlín, donde debían celebrarse sus esponsales con la señorita Felicia Bauer. Y el 6 de junio anotó en su *Diario*:

> *De regreso de Berlín. Estaba amarrado como un criminal. Si me hubiesen puesto en un rincón con cadenas verdaderas y guardias apostados ante mí... ello no habría sido peor.*

En julio, rompió el compromiso y anotó a su vuelta de Berlín:

> *El tribunal en el hotel. No hay nada o muy poco que decir en mi contra. Diabólico con toda inocencia.*

Luego, en su carta a Greta, la amiga de su novia, dice:

> *Ciertamente, usted se ha erigido en juez ante mí en el Askanischer Hof, pero no se trataba más que*

de una apariencia; en realidad, yo estaba sentado en su lugar y aún lo estoy en estos instantes...

El 17 de septiembre de 1920, Kafka escribió en un cuaderno de apuntes:

Jamás me he encontrado bajo el peso de otra responsabilidad que no fuera la que hacían pesar sobre mí la existencia, la mirada, el juicio de otros hombres.

El día en que cumple treinta años, José K, apoderado de un Banco importante, es detenido en su lecho sin motivo aparente. En efecto, sólo le manifiestan que está arrestado y se le deja libre de ir a sus ocupaciones. Marcha, pues, al Banco, y vuelve a su casa por la noche, sosteniendo una conversación con la señora Grubach, la dueña de la pensión donde vive, y después con la señorita Büstner (Fraülien Büstner, señalada como F. B. en el manuscrito), una vecina en quien apenas si ha reparado hasta ese instante y por la que siente un violento deseo.

Pero la señorita Büstner se le escapa y ya no vuelve a cruzarse en su camino. Al domingo siguiente, José K. es citado para un primer interrogatorio en el tribunal, que está en un edificio sórdido de los suburbios. Allí él proclama su inocencia e intenta defender a los desventurados acusados que, como él, son víctimas de la corrupción y la incompetencia de la justicia.

No encuentra resistencia alguna, pero comprende que el auditorio está formado por funcionarios de la justicia; asqueado, se va de allí.

El domingo siguiente, por su propia voluntad, se dirige al tribunal, pero la sala está vacía. Se encuentra con la joven lavandera que lo había introducido allí por primera vez y había perturbado su interrogatorio al dejarse abrazar públicamente por un estudiante. Se le ofrece a él, y éste se apresta a llevarla consigo, pero aparece el estudiante de marras, le quita a la mujer y la conduce a casa del juez de instrucción.

Una vez solo, el marido de la lavandera lleva a K. a los desvanes de la casa, donde están los archivos del tribunal. En los pasillos, donde el aire resulta irrespirable para él, experimenta un gran malestar y es necesario poco menos que llevarlo fuera.

Después, K recibe la visita de su tío, quien, advertido de la existencia del proceso, insiste en llevar a su sobrino a consultar a un abogado amigo suyo. Ese abogado está enfermo y lo atiende una criada joven, Leni, que inmediatamente entabla una relación erótica con K, pues se enamora de todos los acusados, a los que halla muy bellos.

El abogado ha intentado iniciar a K en la función de la defensa ante el tribunal especial del que depende su asunto, ya que le dijeron que no se trata de un tribunal ordinario, y su proceso corresponde a una jurisdicción poco conocida en el país, y de la que la mayoría nada sabe.

Esa función aparece casi inexistente. Desalentado y fatigado, K se muestra cada vez más distraído en su trabajo. Un cliente del Banco le aconseja ir a ver a un pintor, Titorelli, cuyas relaciones con la justicia podrían serle de utilidad.

Titorelli informa a K cuáles son los resultados posibles del proceso: la absolución real, la absolución aparente y la prórroga ilimitada. Pero, en realidad, no hay más que dos salidas, puesto que si bien la absolución real resulta teóricamente posible, nunca se ha producido.

Entonces, K decide ocuparse personalmente de su asunto y prescindir de los servicios de su abogado. El servilismo de un acusado que encuentra en casa del abogado, un tal Block, que lleva un proceso que dura ya cinco años, le repugna y le impulsa a dejar al abogado para no volver nunca más. Abandonado a sí mismo, K descuida cada vez más el Banco, donde corre el peligro de perder el puesto. Un día en que entra en la catedral donde tiene una cita con un cliente extranjero, es interpelado por un sacerdote, que es el capellán de la prisión. Luego, mantiene una charla con el capellán quien, para ilustrarle acerca de la verdadera naturaleza de la justicia, le cuenta La leyenda de la ley. K discute la leyenda con el cura que hace su exégesis, pero no la comprende. Finalmente, el sacerdote lo deja que se marche diciéndole: «La justicia nada quiere de ti. Te toma cuando vienes y te deja cuando te marchas».

La antevíspera del trigesimoprimer aniversario de su nacimiento, un año después de ser arrestado, K recibe la visita de los «señores pálidos y gordos», que parecen ser actores. K los sigue por la calle («formaban un bloque tal que no hubiese sido posible aniquilar a uno de ellos sin aniquilar a los otros dos»).

Mientras van por su camino, K cree ver a la señorita Büstner y entonces comprende que debe terminar su proceso. Se abandona, pues, a sus compañeros y una vez llegados a una cantera desierta, los dos señores lo tienden sobre una piedra. K piensa que su deber sería tomar él mismo un cuchillo y hundírselo en el cuerpo, pero no lo hace. Echa una última mirada a su alrededor y ve, en el piso alto de un edificio, a un hombre que se inclina bruscamente por una ventana. Esta aparición hace que surjan todas las preguntas que no plantearon durante el proceso, pero los dos señores le clavan el puñal a K, que muere exclamando: «¡Como un perro!»

Es sobresaliente la versión que el escritor francés André Gide hizo para el teatro, así como la cinematográfica, interpretada por Anthony Perkins.

LA COLONIA PENITENCIARIA

Se publicó el año 1919, en la editorial Kurt Wolff.

Un explorador se apresura a visitar un presidio situado en una isla tropical. La principal curiosidad del lugar es una

84

Retrato de su madre en la época del noviazgo.

máquina que, inventada y construida por el ex comandante de la colonia, sirve para las ejecuciones capitales.

La sentencia se inscribe por medio de agujas aceradas en la carne de los condenados, los cuales ignoran su contenido y la descifran sobre su cuerpo al cabo de un cierto número de horas antes de conocer una muerte estática.

El oficial es un adepto del antiguo comandante, cuyos métodos combate el actual, y caen poco a poco en desuso. Emprende la tarea de ganar al extranjero para la causa de la máquina, cuyo funcionamiento le describe minuciosamente.

Agobiado por el calor, el extranjero escucha con poca atención y se interesa mucho más por la suerte del condenado que por la máquina. Aquél, que es culpable de un acto de insubordinación, pues le ha dicho a un oficial que le pegaba: «Arroja tu fusta o te hago papilla», es condenado a muerte y debe descifrar la sentencia: «Honra a tu superior.»

Sin saber siquiera que ha sido juzgado, contempla los preparativos sin comprender. El soldado, el cual se halla atado por innumerables cadenitas, no está menos embrutecido que él, y ni el uno ni el otro comprenden las explicaciones del oficial que habla en francés.

El oficial coloca al condenado en la máquina y lo dispone todo para la ejecución. Molesto por los esfuerzos del oficial para convencerle de la belleza de la máquina, cuyo principio y uso no aprueba, el viajero calla. El oficial se siente desaprobado, desata al reo y lo despide. Luego, le enseña al viajero una hoja cubierta de arabescos y adornos, que la tornan indescifrable. El viajero no puede leerla sin la ayuda del oficial. Este deletrea la inscripción, cuyo texto dice: «Sé justo»; tras lo cual se desnuda completamente, rompe su espada, se coloca él mismo en la máquina y la pone en marcha. El viajero prefiere no intervenir.

Empieza la ejecución, p꞉ ꞉ la máquina, que al principio funciona normalmente, de pro꞉. se descompone por completo. El viajero se siente obligado a impedir lo que va a ocurrir, «pues no era ése el suplicio que el oficial había buscado, sino simplemente un asesinato».

Pero es demasiado tarde y las largas púas de la máquina destrozan al oficial, que muere sin conocer el éxtasis que, por lo general, se concede a los condenados.

Acompañado por el condenado y el soldado, el viajero concurre a un salón de té donde se halla la tumba del antiguo comandante enterrado debajo de una mesa. El epitafio predice la resurrección del viejo comandante y termina con estas palabras: «Creed y esperad.» El viajero sale del salón de té y va al puerto. El soldado y el condenado lo alcanzan y quieren saltar a su barca. Pero no se lo permite, y el viajero parte solo.

LAS INVESTIGACIONES DE UN PERRO

Un perro de cierta edad relata su vida. Se describe a sí mismo como un perro común que no traiciona a su raza, pero que, sin embargo, es particular; aunque siente intensamente lo que le une a sus congéneres, no puede vivir con ellos, no los comprende, no es comprendido por ellos, que jamás han dado respuesta a sus ardientes preguntas. Y no obstante, no ha acometido sus investigaciones sino en nombre de los perros.

Este es el origen de las infatigables investigaciones que han ocupado toda su vida, y en el mismo hay una experiencia que trastornó su infancia, y quedó sin explicación: una mañana, al amanecer, encontró siete perros que, erguidos sobre dos patas, ejecutaban una especie de danza rítmica y producían una música misteriosa, sin relación alguna con la música ordinaria, la cual constituye «un elemento indispensable y natural de la vida».

Fascinado y escandalizado, pues los perros al descubrir su desnudez violan la ley canina, el perro joven importuna a los que lo asedian con sus preguntas, sin obtener ningún resultado.

Comprende que no logrará nada preguntando y decide emprender personalmente investigaciones sistemáticas que poco a poco lo conducirán al enigma.

Empieza por la ciencia de la nutrición que, aunque muy practicada, es una ciencia difícil. En efecto, puesto que el hombre está ausente del mundo canino, los perros no saben de dónde viene su alimento. Lo ven caer del cielo, pero los sabios pretenden que es producido por la tierra debidamente regada y preparada con toda suerte de danzas, ritos y rogativas.

El perro se pierde en investigaciones que lo alejan cada vez más de la vida canina normal. A sus ojos todo es problema desde el momento en que los siete perros le hicieron oír su música, inexplicable, extraña y tal vez vedada.

Ha perdido toda afición a la vida canina, sus luchas y sus alegrías, sin poder tener acceso a la existencia libre que espera de la posesión del verdadero saber.

Un día se entregó a un ayuno experimental que estuvo a punto de costarle la vida, pero no le reveló el secreto de la alimentación. Por lo demás, nada le es revelado.

Los fenómenos admitidos más fácilmente por las costumbres caninas, el de los «perros volantes», por ejemplo, le plantean problemas sin solución. Los perros volantes son perros aparentemente normales —y él nunca ha visto ninguno que en vez de vivir sobre la tierra viva en el aire—, y por esa razón la comunidad canina los mantiene generosamente. A pesar de su tristeza y resignación, que de ninguna manera toma por sabiduría, el perro no se siente frustado. Ahora es a sus semejantes a quienes busca. Asimismo, desea estudiar las inquietantes relaciones que existen entre la ciencia de la alimentación y la de la música. Pero aunque carece de formación realmente científica, no se reprocha demasiado su diletantismo que tal vez lo protege contra la esclavitud del pensamiento. Pues la ciencia que busca no es la que se practica hoy día, es otro saber que implica la libertad.

UN MÉDICO RURAL

Esta narración comprende catorce relatos:

El nuevo abogado.
Un médico rural.
En la galería.
Una antigua página.
Ante la ley.
Chacales y árabes.
Una visita a la mina.
La aldea próxima.
Un mensaje imperial.
La preocupación del padre de familia.
Once hijos.
Un fratricida.
Un sueño.
Informe para una academia.

En una noche invernal en que ruge la tempestad, el médico rural recibe una llamada para acudir a la cabecera de la cama de un enfermo. Pero no tiene caballo, pues el suyo acaba de reventar, y se ve obligado a utilizar dos caballos que salen de improviso de su establo con un palafrenero desconocido. Una criada dice: «Nunca se sabe lo que es posible hallar en la casa de uno.» El médico parte pero con tiempo suficiente para oír a Rosa refugiarse en la casa, huyendo del palafrenero que la persigue. En un santiamén se encuentra junto al enfermo, un joven que en el primer instante parece gozar de buena salud. Luego, descubre que padece en el seno una profunda llaga, incurable. La familia atosiga al médico y, para obligarle a curar al enfermo, lo desnuda y lo coloca en la cama del joven.

Mientras tanto, los caballos aguardan fuera y pasan las cabezas por la ventana.

Tras una breve charla con el enfermo, que se siente abandonado por la persona que ha de curarlo, el médico huye, salta por la ventana y arroja sus ropas en el coche. Una manga de su abrigo de piel se engancha en un saliente que no logra alcanzar y que se queda desnudo.

Los caballos emprenden lentamente la marcha, no avanzan, y el médico desespera de poder regresar alguna vez a su casa.

«¡Engañado! ¡Engañado! Basta con una vez. Cometí el error de acudir a la llamada de la campanilla nocturna... ¡Es algo para siempre irreparable!»

LA MURALLA CHINA

Se trata de un fragmento extenso de una narración terminada y sin duda quemada por Kafka. Otros fragmentos más breves se relacionan con el mismo, fragmentos procedentes de épocas diversas. El relato principal comprende dos partes: una de ellas trata de la construcción de la muralla, y la otra de la situación especial del pueblo chino, en sus relaciones con el emperador, la aristocracia y las leyes.

Acaban de concluir la Gran Muralla que ha de proteger a China contra los nómadas del Norte. La dirección ha organizado las tareas de construcción de una manera muy particular. En vez de construir sin solución de continuidad, se han levantado porciones que fueron después reunidas, pero dejando entre ellas espacios abiertos.

Se ha elegido esa forma de construcción para estimular el brío de los jefes de obra subalternos, los cuales se hubiesen sentido agobiados si hubieran podido considerar la dimensión casi ilimitada de su labor.

Pero esa construcción fragmentada entraña unos inconvenientes, de los que los nómadas podrían aprovecharse en cualquier instante.

Se ha comparado la muralla, por un sabio chino, con la torre de Babel. Según dicho sabio, la construcción de la torre de Babel no fracasó por las razones que dice la tradición, sino porque sus cimientos eran poco sólidos. Tan sólo la Gran Muralla proporcionará por primera vez en la historia de la Humanidad fundamentos sólidos para una nueva torre de Babel. Así, pues, «primero la muralla, después la torre». Mas ¿cómo concebir semejante plan de construcción, puesto que la torre es redonda y la muralla no forma más que un arco del círculo?

El segundo fragmento plantea el problema de las relaciones del pueblo chino con el Imperio:

> *El imperio es inmortal pero cada uno de los Emperadores cae y se derrumba.*

El pueblo está tan alejado de su Emperador que sólo tiene respecto al mismo unas noticias confusas, inciertas, más legendarias que históricas.

Ignoran incluso los cambios de dinastía, honra dinastías largo tiempo extinguidas y se burla de los mensajes del Emperador reinante, como si hubiesen sido superados desde mucho tiempo atrás. Esas oscuras relaciones se deben en parte al gobierno, que «no ha sabido desarrollar la idea imperial con suficiente claridad», y en parte al pueblo, que carece de imaginación y de fe. Pero esa debilidad de la fe no es un rasgo solamente negativo; incluso parece ser lo que afirma la unión.

EL CASTILLO

Kafka lo inició en 1922 y lo dejó sin terminar. En los Cuadernos de 1920 se halla un fragmento que podría ser un principio de la novela:

> *Todo esto resulta obvio, pero K no lo entiende. En estos últimos tiempos se le ha metido en la cabeza penetrar en la familia de nuestro castellano; pero no prueba su suerte por la vía de las relaciones mundanas; desea ir derechamente a su objetivo... No es, por cierto, que exagere la importancia de nuestro castellano. Se trata de un hombre sensato, trabajador, respetable, pero nada más. ¿Qué es lo que K quiere de él?*
>
> *La impresión general que me causan los campesinos: son nobles que han buscado refugio en la agricultura, donde han organizado su trabajo con tanta sabiduría y humanidad, que se ingiere sin la menor falla en el conjunto de las cosas. Verdaderos ciudadanos de la tierra...*

Un hombre, K, que viene de muy lejos, llega una noche a una aldea que no conoce y donde, según le dicen, carece del derecho de residir sin autorización del señor del castillo, el conde de West-West.

Aunque parece haberse extraviado, experimenta un gran deseo de permanecer en ese lugar y pretende haber sido llamado allí como agrimensor del conde.

Las autoridades niegan al principio su calidad de agrimensor y luego la confirman sin más discusión.

(«Por una parte, eso era malo; demostraba que en el castillo sabían acerca de él todo lo necesario, que habían pesado las fuerzas en presencia y que aceptaban la lucha con una sonrisa.»)

Le otorgan, por lo tanto, el título de agrimensor; más aún: ponen dos ayudantes a su servicio, pero jamás obtendrá un cargo oficial; en materia de trabajo sólo le proponen un puesto de conserje en la escuela de la aldea.

Lo acepta y ofrece inmediatamente un techo a Frieda, una muchacha de la aldea que se ha entregado a él y por ello ha perdido su puesto en el hotel de los señores, donde era camarera.

Frieda pasa por haber sido la amiga de Klamm, uno de los señores principales del castillo, con quien se rompieron las relaciones apenas hubo conocido a K, pero éste, que al principio parecía querer instalarse en la aldea en calidad de obrero ordinario, desea ahora entrar personalmente en relación con Klamm, a quien considera como una primera etapa hacia el castillo.

K no dice qué busca en el castillo, y actúa como si la aldea fuese la primera etapa de una labor cuyo fin sería el castillo. Todos le dicen que será imposible hablar con Klamm, de hombre a hombre, pero él se obstina en creer que podrá hacerlo si halla una vía adecuada.

Primero, pone todas sus esperanzas en Barnabé, un mensajero que ha de traerle directamente las instrucciones de Klamm.

Pero Barnabé no es un mensajero auténtico; va al castillo pero sólo conoce sus oficinas, si bien se trata de la parte más importante, ni siquiera está seguro de que el señor que llama Klamm sea realmente Klamm.

K intenta comprender los lazos que unen el castillo con la aldea; en varias ocasiones le dicen que no hay diferencia alguna entre los aldeanos y el castillo, pero no consigue hacerse cargo de esa identidad.

Va a casa de Barnabé para lograr información sobre su asunto, y como Barnabé está ausente, lo recibe su hermana Olga, la cual le cuenta a K la dolorosa historia de su familia, que no deja de ofrecer analogía con la suya, aunque los Barnabé sean habitantes de la aldea.

Por culpa de Amalia, la hermana mayor que ha rechazado desdeñosamente la obscena proposición de un señor del castillo, la familia está bajo el peso de una verdadera interdicción. Tratados como parias, los Barnabé han intentado en vano hacerse perdonar, pero desde hace varios años el castillo guarda silencio, no condena ni perdona, lo cual hace que la situación de la familia sea desesperada.

Barnabé ha tratado de redimir a los suyos, convirtiéndose en «mensajero» del castillo; de vez en cuando se le confían cartas cuya importancia resulta más que dudosa y carece de uniforme oficial; todo induce a creer que su función es ilusoria y que solamente toleran su persona. La duda atormenta a Olga, la cual ha llegado a prostituirse con los criados de los señores, pero sin resultado.

K se interesa por la historia de los Barnabé únicamente hasta el punto en que espera obtener de la misma una enseñanza aplicable a su caso.

Pero se ha demorado en casa de Olga, y Frieda, que experimenta por toda la familia, especialmente por Amalia, esa especie de odio sagrado que inspira a toda la aldea, se considera traicionada, lo abandona y vuelve a su antiguo servicio en el Hotel de los señores.

En el mismo instante también lo dejan los ayudantes; y uno de ellos, Arturo, ha subido al castillo para presentar una

Franz al cumplir el primer año de edad.

queja contra él, y el otro, Jeremías, ha seducido a Frieda durante su ausencia.

Tras quedarse solo, K se entera de que ha sido citado para concurrir a lo de Erlanger, uno de los secretarios que establecen el enlace entre la aldea y el castillo.

Se dirige, muy fatigado, a la cita y busca la habitación de Erlanger en un pasillo largo y provisto de innumerables puertas.

Sintiéndose presa de un deseo irresistible de dormir, abre la primera puerta que halla a su paso, cuya habitación está desocupada, y anhela echarse en la cama y dormir. Sin saberlo, ha penetrado en el cuarto de Bürgel, el secretario de Friedrich, otro señor que ha gozado de una gran influencia en tiempos pasados.

K se siente desesperado al no poder acostarse y se duerme a medias, mientras Bürgel le revela que la situación en que están en ese momento constituye precisamente uno de los casos raros en que el «cliente» de un secretario podría ganar su causa. Pero K no le escucha y se marcha por la mañana, medio dormido y lleno de cansancio.

JOSEFINA LA CANTANTE o *EL PUEBLO DE LOS RATONES*

Esta narración pertenece a 1922, y fue publicada en la recopilación de *Un campeón en ayuno*, junto con otros tres relatos:

Primera pena.
Una mujercita.
Un campeón en ayuno.

El ratón, que es quien habla, describe la situación de Josefina la Cantante en medio de su pueblo. Josefina pretende que el pueblo no comprende su arte; el pueblo, por su parte, piensa que el canto de Josefina no se diferencia en nada del trivial silbido con que el mismo pueblo acompaña su tarea cotidiana.

Aunque el pueblo no cree en la «misión» de Josefina, va no obstante a oír cantar, pues gusta de esas veladas en las que los individuos se mantienen tibiamente apretados los unos contra los otros, olvidados de sí mismos y conscientes de su unión.

Josefina arma mucho alboroto sobre el bienestar que podría darle al pueblo en los momentos de desventura; el pueblo, por su parte, sabe que siempre se ha salvado a sí mismo.

Al correr a oír cantar a Josefina en los momentos más críticos de su historia, muestra tan sólo una cierta abnegación e imprudencia, pues se expone más al congregarse.

Pese a esto, el pueblo ama a Josefina y la acepta tal cual es, pues sus pretensiones artísticas no le molestan mucho; si bien permanece inflexible en un punto: Josefina debe ganarse la vida como todo el mundo, y no se la puede eximir de la lucha cotidiana.

Este es el gran sufrimiento de la artista que se retira y así priva al pueblo de su canto. Aunque siente cierta tristeza, el pueblo no padece excesivamente por ello; prevé el tiempo en que Josefina «irá a perderse alegremente en la innumerable multitud de los héroes... y muy pronto se verá sepultada en el mismo olvido en que están todos sus hermanos».

UN CAMPEÓN EN AYUNO

Se publicó en octubre de 1922, en la *Neue Rundchau*.
Un campeón en ayuno disfruta durante algún tiempo de una gran fama, pero no se siente plenamente feliz porque

jamás logra ayunar más allá de cuarenta días, en tanto que sufre la necesidad y la posibilidad de ayunar indefinidamente.

Pero su empresario se opone a ello, porque un ayuno más prolongado fatigaría el interés del público.

De repente, su arte deja de agradar, y él se ve obligado a separarse de su empresario y de estar contratado en un gran circo, donde por fin, libre de toda compulsión, podrá sumirse en su gran ayuno y asombrar al mundo entero.

Pero ya no le prestan la menor atención, ni es más que «un obstáculo en el camino hacia las cuadras».

Se olvida de llevar la cuenta de sus días de ayuno, de manera que ni él mismo sabe cuántos días ha ayunado.

Un buen día, un cuidador llega para limpiarle la jaula, y ve que todavía vive. El campeón de ayuno le hace comprender que tiene aún algo que decir: desea hacerse perdonar antes de morir.

> *Siempre quise que admiraseis mi ayuno... Pero no debíais admirarlo... No podía hacer otra cosa. Porque no pude hallar ningún alimento que me gustara. Si hubiese encontrado uno, créeme, no habría hecho melindres y me habría hartado el estómago como tú y los demás.*

En la jaula, colocan luego una pantera joven que atrae una multitud de visitantes.

CAVAMOS EL POZO DE BABEL

El protagonista de este fragmento es un animal solitario y temeroso, cuyos hábitos de vida y de carácter se hallan descritos como los de un tejón.

Se ha construido una madriguera, en la que se ha retirado por completo y que no comunica con el exterior más que por una abertura recubierta de musgo.

Desde hace ya tiempo habita en ese abrigo subterráneo, donde amontona sus provisiones y organiza su vida solitaria con toda felicidad y deleite.

Sin embargo, no puede evitar salir de cuando en cuando, para asegurarse de que su madriguera no se ve amenazada desde fuera.

Como no le es posible entrar y salir sin llamar la atención, sobre la abertura de la madriguera imagina toda clase de artificios, pero nunca logra hallar la manera perfecta de esquivar todo riesgo, hasta el punto de que la madriguera, reino de la seguridad absoluta, se convierte en el imperio del temor y la duda.

Cierto día, un animal percibe un ruido que no cesa y que es imposible localizar. Parece surgir de la misma tierra y provenir, a la vez, de todas partes. El animal sólo puede interpretarlo como la cercanía de un enemigo mortal que le amenaza por todas partes. Impotente, agitando en su cabeza proyectos de reconstrucción que es ya demasiado viejo para emprender, reducido a hipótesis plausibles pero no verificables, el animal ya sólo vive esperando la muerte.

LA MADRIGUERA

Es un relato del año 1923, y falta el final del manuscrito, aunque el relato debió de quedar concluido.

Der Bau significa tanto *la madriguera* como *la construcción* y se asocia también con una tumba. Kafka concluyó cuando la relación con Milena llegaba a su ocaso, de que él mismo era un animal salvaje que sólo se sentía seguro en la oscuridad.

El animal protagonista de la madriguera evoluciona a partir de la confianza y a través de la desesperación hasta el reconocimiento de la derrota. Pero el enemigo que en este caso representa la malévola enfermedad arrastrada por Kafka termina por matar al animal:

«Vivo en paz en el escondrijo más recóndito de mi casa, y entre tanto, lenta y sigilosamente, el enemigo está excavando en dirección a mí desde un lado u otro.»

El terror se inicia cuando en el interior del santuario íntimo, el animal percibe un ruido silbante casi inaudible y se despierta sobresaltado. Primero cree que el sonido lo provoca el aire estancado en el viejo túnel atravesado por otro más reciente fabricado por criaturas de menor tamaño. Después se decanta porque los autores son seres todavía más diminutos que los que ha encontrado hasta entonces. ¿Y si fuera alguna fiera mayor que le persigue? Hace años creía que había construido su madriguera en el interior de otra construida por un animal mayor que quizás ahora iba perforando para llegar hasta él con aire de pocos amigos. En aquella época todavía había tiempo para elegir otra vivienda, pero lo único que puede hacer en aquellas circunstancias es retroceder hacia espacios en que el silbido desaparezca o no se oiga.

¿Quién destruyó el final de la narración? ¿El propio Kafka? ¿Dora? Como manifestara ésta, Kafka intentaba paso a paso terminar con sus fantasmas sin resultado. Sólo la muerte le liberaría.

CAPÍTULO XII
EL VERDADERO KAFKA

Kafka es él mismo cuando a la narración poética y casi desesperada le añade el horror, el miedo, cosa que hizo entre aproximadamente 1912 a 1914.

El Fogonero, que empezó en 1911, y es el primer capítulo de *América*, y que había de conseguir un premio literario en 1915, expresa la ternura y el dolor en un ambiente a la vez real y extraño.

Pero, nos preguntamos: ¿acaso Kafka tuvo conciencia de ello? Pensamos que no, pues invocaba a Dickens como su modelo y pensaba escribir un nuevo David Copperfield?

Entre 1912 y 1914 no existe la menor duda sobre sus intenciones, muy distintas, puesto que al mismo tiempo que *El Veredicto* escribió a la sazón *La Metamorfosis* y *La colonia penitenciaria*.

Ahora no se trata ya del realismo imaginario y fantástico, de una pintura picaresca, de *América*, ni aún menos de la fantasía más o menos disparatada de *Descripción de un combate*. Se trata, más cruel y más sádico que en los mitos futuros de *El Proceso* y *El Castillo*, del horror experimentado como tal, lo que podría calificarse del horror limitado al horror. Estamos, pues, cerca del «cuento de miedo», o del «romanticismo frenético», si la aplicación del tono y del estilo no apartase toda idea de complacencia.

Todo es sombrío y trivial en *La Metamorfosis*, y es sin ningún efectismo, sin la menor advertencia al lector, como se desarrolla la historia de Gregorio Samsa que, «una mañana, al despertar de un sueño muy agitado, se encontró sobre una cama transformado en un verdadero insecto».

Ante el hombre, metamorfoseado en escarabajo-ciempiés, su familia se inquieta, pero no mucho más que si padeciese un resfriado.

Toda la primera parte del relato está ocupada por la dificultad que sufre Gregorio, viajante de comercio, para hacerle comprender al gerente de la empresa que él ya no se halla en situación de viajar y visitar a los comerciantes de las ciudades próximas. ¿Padece por estar transformado en un insecto bastante repulsivo? Kafka no dice nada al respecto. Aparta la atención de todo lo que puede ser motivo de escándalo y protesta. Gregorio debería empezar a aullar o a pensar que se ha vuelto loco. Nada de eso. Calcula la manera cómo con sus mil patas y su caparazón poco flexible, podrá moverse:

> *Se dispuso a saltar de la cama, balanceándose cuan largo era. Dejándose caer en esta forma, la cabeza que tenía el firme propósito de mantener enérgicamente erguida, saldría probablemente sin daño alguno.*

Análogamente, su hermana llega tranquilamente a arreglar la habitación del ciempiés, y la madre sí padece unas crisis nerviosa, y el padre toma sus precauciones para evitar que los vecinos se enteren del caso.

De esta manera, no se proclama la inverosimilitud ni se pone de manifiesto, ni menos es valorada. Se padece y se acepta con la naturalidad que ponen las gentes miserables al aceptar sus desventuras. Y por eso, llega a ser algo atroz.

Una atrocidad cuyo único sentido es aquí la tristeza, una insondable tristeza. Cuando el ciempiés muere en su cuarto, la criada lo barre con la escoba.

> *La señora Samsa inicia un movimiento como para detener la escoba, pero no concluye el gesto.*
> *—Bien —dijo el señor Samsa—, podemos dar gracias a Dios. Se santiguó y las tres mujeres siguieron su ejemplo.*
> *—¡Ya está! —exclamó más adelante la criada—. No es necesario que se preocupen de sacar este trasto de ahí al lado. Ya está hecho...*

La colonia penitenciaria

De igual manera, sólo un arte muy sombrío y muy preciso hace que se soporte el cuento sádico de *La colonia penitenciaria*: un campo de represalias, donde los condenados son duramente castigados a la menor falta.

A un periodista que es invitado a visitar el campo, le enseña al teniente la máquina que sirve para los castigos; se trata de un aparato ingeniosamente calculado y montado, cuya descripción mecánica ocupa varias páginas de la obra, y está destinado a tatuar sobre la piel de cada condenado la sentencia a que se ha hecho merecedor. Las agujas de la máquina graban en el cuerpo cada vez más profundamente, durante seis horas, la misma frase; jarros de agua y esponjas de guata se hallan preparados para lavar y enjugar las heridas, así como el flujo de agua y sangre. La máquina es automática, y generalmente el condenado muere a la sexta hora.

Aquí se da la minucia en la atrocidad. No obstante, ni una frase ni una palabra revelan la complacencia. Kafka no se complace en modo alguno en una fantasía sádica; se dedica a construir pacientemente los mecanismos del sadismo, mas no se deja llevar por ellos, ni invita al lector a entrar en el engranaje; y finalmente, la máquina de tortura permanece vana, no queda del cuento paciente e inquietante más que una inmensa tristeza sin dolor ni piedad.

La Metamorfosis

Tanto por su carácter inquietante como por su maestría se imponen estas narraciones. Naturalmente, se hallan en *La Metamorfosis* toda clase de sentidos demoníacos: la inutilidad y la soledad del individuo que, cuando toma conciencia de la falsedad de su existencia, se siente transformado en horrible objeto, condenado a la árida muerte de un insecto.

Pero el símbolo no basta. Aunque no está expresado es, en resumen, demasiado visible y demasiado fácil, y no llegaría a ser insignificante sin el arte sobrio, sombrío y magistral que le transforma en leyenda.

Millares de hombres, torturados en su corazón y su espíritu, han podido imaginar los mitos de Kafka, los han proclamado o expresado con lirismo y no han sido escuchados; incluso han sido tenidos por locos. La imaginación de Kafka está cercana a esta locura, pero una ley de sobriedad, un arte censurado presiden su narración.

Este arte se basa en una fría aplicación a contar lo inverosímil como si fuese real, a describirlo minuciosamente. Desde el *Diario*, desde sus primeros ensayos, Kafka tomó el hábito de anotar minuciosamente lo insignificante de cada gesto, de cada actitud:

> *Cuando mi jefe discute conmigo de asuntos de la oficina (hoy se trataba del fichero), no puedo mirarle mucho rato a los ojos sin que mi mirada, a pesar de todos mis esfuerzos, adquiera una expresión de ligera amargura que obliga a apartar su vista o la mía. Así,*

El año 1901 Kafka empezó sus estudios en la Universidad alemana de Praga.

cuanto más activamente me defiendo, acelero los zig-
zags de mi mirada, escogiendo para fijarme la línea
de su nariz, sus bigotes y sus mejillas...

Esto se halla en el *Diario* de Kafka, del 21 de octubre de 1911.

Esta inclinación a la precisión, esta forma de insistir sobre los detalles y de comentarlos, permite ofrecer en el relato fantástico una dura impresión de la realidad. Constituye una pesadilla, pero una pesadilla tan exacta que alberga en sí el sentimiento de lo vivido, como en ese sueño que anotaba Kafka en 1911 y que discurría a través de una serie de estancias:

Acaso atravesaba yo una serie de alcobas.
Guardo el recuerdo de un lecho bien caracterís-
tico que estaba situado a un lado, a mi izquierda,
contra un muro inclinado o abuhardillado, sombrío
o sucio, sobre el que se hallaban unas pocas sába-
nas, y cuya manta parecía una sábana de tela gruesa,
y pendía en punta sobre el suelo...

Esto también es una anotación de su Diario, correspondiente al 9 de noviembre de 1911.

En esta precisión aparentemente ingenua reside la diferencia entre un sueño en el que se cree y un sueño en el que no se cree.

La minuciosa descripción de Kafka parece prefigurar con gran antelación la escuela francesa del «anti-moran», nacida hacia 1956, ya que incluso para relatar un sueño precisa extrañamente de toda una topografía de hombre minucioso:

A la izquierda había un muro completo, en tanto
que a la derecha el muro no estaba entero; se veía,
abajo, el patio, aunque no se alcanzase a ver el fondo,

hacia el que conducía por diferentes tramos una esca-
lera gris en mal estado».

Paradójicamente, esta atención a los objetos, a las cosas, da más fuertemente la impresión de penetrar en una conciencia. Y es que participamos de ese modo en la actividad de esa conciencia ocupada en ver las cosas. Si Joseph K es tan real en *El Proceso*, es porque piensa, no en su proceso, sino en unos corredores, en una puerta, en la forma de abrir una puerta.

Por otra parte, ningún texto de Kafka nos entrega el alma del héroe, ni los sentimientos que deberían ser los suyos, sino solamente su espíritu ocupado por las cosas que le rodean, o por mil pequeños cálculos. Se trata de dar la sensación de la vida psicológica, no hablando de ella sino de los objetos que la suscitan.

El arte narrativo de Kafka

Kafka pertenecía, antes de existir la denominación, a la «novela objetiva». Se niega a dar la impresión que nos producen las cosas, para darnos la cosa en sí, extraña, grotesca, inmunda:

> *En nuestra sinagoga vive un animal que tiene apro-*
> *ximadamente el tamaño de una marta. Con frecuen-*
> *cia se le ve, pero alrededor de dos metros de distan-*
> *cia, pues no tolera una mayor proximidad. Su color*
> *es verde azul claro, nadie ha tocado su piel. Es, pues,*
> *imposible decir nada de ella, y podría incluso afir-*
> *mar que su color real es desconocido.*

En este relato de *En nuestra sinagoga*, el objeto está presente y es real por la distancia misma que existe entre el mismo

107

y el narrador; la información que se puede obtener sobre él es a la vez precisa y limitada.

Por medio de esta árida minuciosidad, Kafka produce la impresión de lo real en lo irreal. El mundo que evoca es con frecuencia inverosímil, pero existe. Existe porque no se está seguro de poder explorarlo, porque se presiente más poblado que todas las descripciones posibles. En cada una de sus obras, Kafka hace presente invisiblemente una infinidad de personajes, algunos de los cuales serán sacrificados:

> Esta serie de personajes accesorios que encuentro en las novelas, en las obras de teatro, etcétera. ¡Este sentimiento de solidaridad que experimento entonces respecto a ellos!
>
> En Las vírgenes de Bischofsberg se trata de dos costureras que preparan la ropa de la única desposada de su obra. ¿Qué les sucede a esas dos muchachas? ¿Dónde viven? ¿Qué han podido hacer para verse privadas del derecho a aparecer en el curso de la obra?

Se trata de otra anotación del *Diario*, de 16 de noviembre de 1910.

El arte narrativo de Kafka reside en esta preocupación por una serie de costureras invisibles. La verdad de su estilo y de su imaginación están en esa dedicación a querer seguir de manera concienzuda todas las pistas. Y se lamenta de que «para escribir una historia» no haya realmente tiempo de extenderse en todas las direcciones, como sería necesario. De esta manera, el mundo se convertiría en un laberinto. Mundo cada vez más fantasmagórico o simbólico, cada vez, no obstante, más real: la sádica ejecución capital de *La colonia penitenciaria* saca su realismo de la seriedad administrativa y técnica con que el teniente describe la diabólica máquina.

Con un dominio absoluto de la narración cruel o absurda, Kafka conquistó asimismo, entre 1912 y 1914, sus temas fundamentales, que las grandes obras expresarán en «Alegorías». Ahora, para él, una narración es un engranaje de acontecimientos que no desembocan en ninguna parte.

Mientras que habitualmente una historia que se cuenta abre unas perspectivas y la posibilidad de nuevas aventuras, la narración kafkiana cierra tales perspectivas, pues funciona como la máquina torturadora de *La colonia penitenciaria*, grabando en la carne una frase que, por lo demás, el condenado no puede leer.

La salida es fatal: en todo lo que ocurre, igual que la repetición del tatuaje sangriento que lleva a la muerte, la repetición del sin sentido en todo lo que sucede también conduce a la muerte. Es el principio de la tragedia, en que todo está previsto de antemano, pero de una tragedia gris en la que el héroe no tiene ni siquiera ilusión, una tragedia que no se representa, porque la fatalidad y la inutilidad del esfuerzo están decretadas desde el principio: el hombre siente, desde el comienzo, que a él le toca perder; y sólo la monotonía de los sucesos, por lo demás inútiles, puesto que ya están previstos y carecen de toda esperanza, puede crear una ilusión de drama y de vida en el mundo ya muerto.

Kafka se sitúa y se hunde en sus temas, como un animal se hunde en su cubil. Su fascinación se basa con frecuencia en su arte para encerrarse y encerrar su narración, en una especie de túnel de vida cerrada y amurallada.

Pues antes de expresar la soledad del hombre ante un cielo vacío, apresa la soledad del hombre en sí mismo.

En este sentido, *La Madriguera* es representativa de la estructura y de la inspiración de numerosos cuentos, y durante una serie de páginas, los cálculos de un animal solitario que vive bajo tierra, excava galerías y construye una ciudadela subterránea: «He organizado mi madriguera y parece haberme quedado bien.»

A fuerza de adornar su vivienda, este ser se confunde con ella y con los planes que hace sin cesar para completarla, con el placer que experimenta al sentirla existir:

> *Me parece entonces que no estoy en mi casa, ni ante mi casa, sino ante mí mismo, ante un yo mismo durmiendo, y que tengo a la vez la dicha de soñar profundamente y de velar por mí como un centinela.*

La soledad es aquí retirada hacia sí mismo. Se trata de la alienación de sí en un falso yo limitado que se ha creado.

De igual manera, el pequeño empleado de *Un viejo muchacho* se agazapa y se enquista en su minúscula vida organizada, y *El campeón de ayuno*, que se exhibe en las ferias en una jaula sellada, se retira y se encierra en el ayuno, en el placer de ayunar, en el ideal absurdo del ayuno, hasta una muerte de insecto que recuerda la de Gregorio Samsa en *La Metamorfosis*.

Existen, pues, dos formas de soledad: por una parte, el silencio del mundo; por otra, la soledad por repliegue, la tentación propuesta al hombre de aprisionarse en sí mismo, o en una proyección de sí que es un trabajo absurdo como la madriguera del animal subterráneo.

Franz Kafka conoce bien el vértigo de esta tentación, y cede a él a menudo.

En las novelitas, a veces harto breves, a veces fragmentadas, que publicó en 1919, en la recopilación de *Un médico rural*, en 1924; en *El campeón de ayuno*, o que Max Brod reunió en 1931, bajo el título de *La muralla china*, y otros relatos, un relato de cada tres debe su poder fascinador al arte de aprisionarse vertiginosamente, desde las primeras líneas, en un mundo cerrado e inquieto, y de presentarlo como real y obsesionante:

110

Todo mi negocio descansa sobre mis hombros.
En el antedespacho, dos muchachas jóvenes, las
máquinas de escribir y los libros de contabilidad. En
mi oficina, la mesa que ocupó, la de las juntas, la
caja, un gran diván inglés, el teléfono...

(De *El Vecino*.)

Cada ser se encierra en su laberinto minucioso. Se ha dicho frecuentemente que en Kafka el mundo estaba desierto para el hombre, pero no se insiste bastante en el hecho de que, antes ya de que nos angustien la incoherencia y el silencio del universo, lo primordial es que cada individuo constituye una prisión.

Los hombres construyen a su alrededor, para esconderse, las murallas gigantescas de una madriguera de topos:

Los escondrijos son innumerables, la liberación
única; pero en cambio hay tantas posibilidades de
liberación como escondrijos.

(De *Cuadernos,* 18 noviembre 1927.)

Este punto de partida puede desarrollarse a continuación, minuciosamente, y jamás se saldrá de ahí. Cada hombre está encerrado en su habitación, cubil, madriguera, rutina, obsesión, pero la manía minuciosa que le posee transforma en pavoroso dédalo este meticuloso mundo hechizado.

Kafka alcanza una especie de resonancia metafísica universal porque se hunde cada vez más en peso de una singularidad: «Todo ser humano es singular y está llamado a actuar en virtud de su singularidad, aunque es preciso que tome gusto a ella.»

Y Kafka tomó ese gusto. Ninguno de sus protagonistas representa al hombre en general, sino que cada uno es un ser

111

pintoresco y maniático. *El Castillo* carecería de sentido si K no fuese agrimensor en un mundo que no se puede medir.

A fin de expresar la angustia común, universal, Kafka toma siempre un personaje limitado, estrecho, bien definido, sea médico rural, minero, oficinista, trapecista... El individuo siempre es maniático. En *Un artista del trapecio*, el trapecista sólo puede vivir en lo alto de su trapecio. En *El topo gigante*, el maestro tiene un objeto único en su vida: demostrar por medio de unas memorias sabias la existencia de un topo gigante que no ha visto jamás...

CAPÍTULO XIII
LA SOLEDAD HUMANA DE KAFKA

Según Kafka, la soledad humana es ante todo obra del mismo hombre. También ocurre que esa espantosa singularidad que le aprisiona en su quimera y le separa del mundo, la siente el hombre vivo como una condición inevitable de su ser, una especie de maldición externa, de obligación o de fatalidad.

En tal caso, con una conciencia sufridora y humana, se encaja en un cuerpo y en su destino que le limitan. Igual que Gregorio Samsa se transforma en un ciempiés, el protagonista de *El Puente* es un puente.

> *Yo era, rígido y frío, un puente que salvaba un abismo. La punta de mis pies se hundía de un lado, y del otro mis manos se aferraban a la tierra... Yo estaba, pues, allí y esperaba; y estaba obligado a esperar. Sin desplomarse, un puente, una vez tendido, no podría dejar de ser un puente.*

Los protagonistas de Kafka en algunos cuentos

Estudiemos a los protagonistas de Kafka en algunos de sus cuentos: un hombre convertido en ciempiés, un ayunador profesional, un trapecista, un viajante de comercio, un topo, el fantasma de un cazador.

113

Cada uno es una conciencia, la conciencia aplicada que lleva el relato, pero una conciencia aprisionada en un cuerpo anormal que le transforma en conciencia maníaca.

Ahora, añadamos un ratón, de *Josefina la cantante o el ratón*; un perro, de *Búsqueda de un perro*, un mono convertido en hombre de *Informe para una academia*, y de esta manera se explica el tema de la «metamorfosis animal».

En narraciones que tienen toda la forma obsesiva y precisa de Memorias, Kafka recomienza siempre, aunque raras veces termina, las «memorias» de una conciencia «degradada». Y esta degradación es especialmente visible cuando, siguiendo las pautas de las transformaciones agnósticas, el alma cae en un cuerpo de animal.

La Metamorfosis es solamente la primera forma de esta obsesión. Pero vuelve a encontrarse en *La Madriguera* la conciencia obsesiva de una bestia; en *Búsqueda de un perro*, el mismo martilleo de una criatura limitada, paciente, pedante, complicada, orgullosa de su condición, de la que, no obstante, se siente prisionera:

> *Conviene no perder de vista que, a pesar de las singularidades que reconozco, no traiciono en absoluto a mi raza ¡no faltaría más!*
>
> *Además, conviene reflexionar, y para ello yo tengo tiempo, placer y gusto, que la sociedad canina es extraña. Hay a nuestro alrededor toda clase de criaturas, de pobres seres débiles, mudos, reducidos a ciertos gritos; entre nosotros, otros perros, muchos se consagran a estudiarlos, les han dado nombres, tratan de ayudarles, educarles, mejorarlos...*
>
> *En cuanto a mí, mientras no pretendan perturbarlos, me son indiferentes, no los distingo ni reparo en ellos.*

Ciertamente, en esto está resumida de nuevo la inspiración del *Gato Murr*, de Hoffmann:

«Los perros son todo el saber, la suma de todas las preguntas y de todas las respuestas. ¡Si se pudiese solamente hacer eficaz ese saber, si se pudiese solamente iluminarlo con luz plena, si no supiesen infinitamente más de lo que confiesan, de lo que se confiesan a sí mismos...!»

Pero el tono es el mismo en *Josefina la cantante*, un estudio sociológico del éxito de una cantante... en el que se descubre al final del relato, que todo sucede entre ratones, a propósito de un ratón que sabía cantar.

En un breve cuento sacado de los *Cuadernos*, una familia se reúne en torno a un pariente muerto; concienzudamente, devoran el cadáver; en realidad son ratas.

La animalidad obsesiona a Kafka, constituyendo el símbolo de una criatura falsificada por su aspecto externo. De ahí la abundancia de cucarachas y tejones en su obra.

Quizá Kafka se inspiró lejanamente en la sátira que escribió su amigo Granz Blei, en *El gran bestiario literario*, donde se describe a los hombres letrados en animales. Pero Franz Blei no estuvo atormentado, y era muy diferente de Kafka. No hubo en él esa complacencia en la extrañeza sobria y seca, que traduce la espantosa soledad y la asombrosa extravagancia de los seres encerrados dentro de su piel:

> *Poseo un extraño animal, mitad gatito, mitad cordero. Lo he heredado de mi padre.*
> *Pero se ha desarrollado ya en mi tiempo; antes era ya más cordero que gato. Ahora tiene en la misma medida de uno y de otro.*

La metamorfosis, o sea el terror a caer en la animalidad, responde en Kafka a un pensamiento inconsciente gnóstico que, al fin y al cabo, ha podido serle transmitido a través de la Kábala.

Es sabido que la gnosis, de la que forma parte el maniqueísmo y en donde se inspiró la tradición israelita, resume el destino de los espíritus creados en un movimiento de abajo arriba, o de arriba abajo, sobre una escala de seres.

Vulgarizador de estas doctrinas, Victor Hugo las ha expuesto en *Ce que dit la bouche d'ombre*. El hombre, en cualquier momento, puede morir y, según sus méritos pasados, renacer ángel o comadreja, cucaracha o guijarro.

El alma se halla más o menos aprisionada por la materia de la que trata de desprenderse, ascendiendo poco a poco.

Entrando en la relación de los animales y en su conciencia degradada, Kafka expresa el terror de tener que moverse como un ludión, o aparato destinado a hacer palpable la teoría de los líquidos sumergidos en un líquido, a lo largo de esas escalas de la salvación y del abismo. Y se muestra involuntaria, pero claramente agnóstico y maniqueo al afirmar que «El mal es la caída en una forma de encarnación cada vez más sombría.»

> No existe otra cosa más que un mundo espiritual; lo que llamamos mundo sensible es el Mal en el mundo espiritual, y lo que llamamos Mal no es más que una necesidad de un instante de nuestra evolución eterna.

He aquí una visión agnóstica y kabalística que el novelista Victor Hugo vulgarizó.

El universo estrecho y cerrado

La criatura es prisionera de su forma de encarnación, y si se recrea en ella, se condena a descender a un peldaño más

En junio del año 1906, cuando se licenció en Derecho.

bajo. Pero si los seres degradados están encerrados en sí mismos, sienten también, y muy evidentemente, que el mundo exterior les está cerrado:

> *«¡Bien —dijo el ratón—, el mundo se hace más estrecho cada día! Era tan grande antes que tuve miedo, corrí y estoy contento, al fin, de ver por todas partes surgir muros sobre el horizonte; pero estos largos muros corren tan de prisa uno al encuentro del otro, que heme aquí ya en la última pieza, y veo allá abajo la trampa en la que voy a caer irremediablemente.»*
>
> *«No tenía más que cambiar la dirección» —murmuró el gato en tanto lo devoraba.*

> *(Pequeñas fábulas.)*

¿Pero acaso no es éste el problema de *El Proceso*? Los múltiples cuentos de Kafka son en realidad apólogos. En algunos la coincidencia es una prisión; en otros, complementarios, el mundo es un laberinto, a veces ridículo, pero inexorable.

> *Caí en un zarzal inextricable. A grandes voces, llamaba al guarda del jardín. Acudió, mas no logró llegar hasta mí.*
> *—¿Cómo habéis llegado hasta aquí? —inquirió. ¡Volved, por lo tanto, por el mismo camino!*
> *—Imposible —le contesté—, no hay camino. Me paseaba tranquilamente, perdido en mis pensamientos, y de pronto ¡heme aquí! Como si el zarzal hubiese crecido a mi alrededor. No puedo salir, estoy perdido...*
> *—Hijo —dijo el guarda—, primero tomáis un camino prohibido y luego os quejáis... No estáis en una selva virgen, sin embargo. Esto es un jardín público. Se os sacará de ahí.*

> *(La zarza ardiente.)*

CAPÍTULO XIV
LA FILOSOFÍA DE LA VIDA

Entre la criatura sola y agazapada en su madriguera y el Dios que puede colmarla, había un sitio para el encuentro: la vida. Pero la vida se niega a proporcionar la ocasión del encuentro.

Cuando, para vivir, uno se aventura sobre sus tierras, no se encuentra más que un nuevo laberinto. La vida debería guiar al hombre hacia su objetivo, o sea hacia Dios, pero le separa por unos corredores, por un túnel...

> *Vistos con el ojo impuro que es el nuestro, nos encontramos en la situación de unos viajeros de ferrocarril retenidos en un largo túnel por un accidente, y ello en un paraje donde no se ve ya la luz de la entrada, y donde la luz de la salida es tan nimia que la mirada ha de buscarla sin cesar y sin cesar la pierde, a pesar de que ni siquiera entrada y salida son seguras.*

> (*Cuadernos*, 20 octubre 1917.)

El símbolo del mundo inacabado

Al salir de la madriguera, las orillas de luz y de la vida no aportan nada nuevo y condenan a errar sin fin. El mundo es largo, el tiempo es corto.

119

Mi abuelo solía decir: la vida es asombrosamente breve. En mi recuerdo se recoge sobre sí misma tan apretada, que apenas comprendo cómo un hombre joven puede decidirse a partir a caballo hacia la aldea más cercana, sin temor a que, descartando un accidente, una existencia ordinaria y que se desenvuelve sin tropiezos, baste, ni de lejos siquiera, para ese paseo.

(La aldea más próxima.)

Es entonces cuando aparece en la temática imaginativa de Kafka el símbolo de un mundo eternamente inacabado, el mundo de Babel, que los hombres no saben construir y que abandona Dios:

Al principio, cuando se comenzó a edificar la Torre de Babel, todo transcurrió bastante bien; incluso, había demasiado orden; se pensaba demasiado en postes indicadores, intérpretes, albergues para obreros y vías de comunicación. La construcción del Universo está desviada de su fin; en vez de edificar la torre del Cielo y la Tierra, los hombres disponen primero la ciudad obrera y pelean entre sí para disputarse los barrios. Y, sin embargo, «entre dos guerras» se trabaja en el embellecimiento de la ciudad, lo que provoca, por otra parte, nuevas envidias de donde han de surgir nuevas luchas. Así fue cómo transcurrió la primera generación, pero ninguna de las posteriores fue distinta.

(El escudo de la ciudad.)

Una capital que es un mito

Volvemos a hallar el mundo de Babel en el universo sin comunicaciones que es La muralla china, un lugar perdido, anónimo, del espacio asiático, donde las distancias son inconmensurables.

Es en este universo donde existe la relatividad del tiempo y del espacio, donde el hombre trabaja y se afana, donde yerra y se desvía. Su necesidad de lógica jamás queda satisfecha, y su esperanza de conocer una finalidad se desvanece de un modo incesante.

> *Se presenta un hombre de campo y pide entrar en la legalidad, pero el guardián dice que, por el momento, no se le puede conceder la entrada. El hombre medita un bueno rato y finalmente pregunta si le estará permitido acceder más adelante.*
>
> *—Tal vez sea posible —asiente el guardián—, pero no ahora.*
>
> *(Ante la ley.)*

¿Pero qué priva a este mundo de claridad? ¿El error de los hombres o el silencio de Dios? ¿Por qué carece de lógica el mundo?

A veces parece, cuando Kafka muestra la estupidez de los subalternos, la confusión de asuntos, la imposibilidad de imponerse exactamente, la intangibilidad del reglamento, que el absurdo corresponde a un fracaso de los hombres.

Y puesto que están degradados, o sea, para los agnósticos, caídos en la materia, Dios no se manifiesta a ellos.

La mayor parte de las narraciones escritas de 1917 a 1924, de las que varias son contemporáneas de *El Castillo*, hacen pensar que es el mundo común de los hombres, y no el individuo en sí, el que Dios ha abandonado. No nos pongamos, por presunción, en una posición falsa:

> *Se les ha colocado ante esta alternativa: hacerse reyes o emisarios de reyes. A manera de niños, todos*

prefirieron ser emisarios, recorriendo el mundo y,
como no hay reyes, se gritan unos a otros noticias
que son absurdas. De buen grado pondrían fin a su
miserable existencia, pero no se atreven a causa de
su juramento de fidelidad.

(*Cuadernos,* 2 de diciembre de 1917.)

Pero en *El Proceso* es el individuo el que se siente no sólo oprimido por una sociedad mal organizada, sino también fundamentalmente culpable. Y en *El Castillo,* son lo Absoluto y lo Trascendente los que se atrincheran tras un muro de equívocos y silencio.

En sus relatos y novelas no podemos pasar por alto las míseras condiciones de la vida de su autor, que le llevaron a la duda y a la desesperación, sentimientos que se revelan en el tenebroso color de fondo de su narrativa. Sin embargo, a diferencia de lo que ocurre en sus narraciones y novelas (y en contraposición al movimiento existencialista posterior, que a menudo ha querido ver en Kafka a un precursor) en muchos de sus aforismos aparece la fe en un mundo regido por un principio superior, y en la certidumbre de que existe en el hombre algo que no puede morir. Importantísima ha sido, como ya hemos hecho hincapié, y es todavía, la influencia de Kafka en la narrativa de los últimos tiempos.

Quienes le conocieron personalmente no pueden dejar de manifestar que Kafka fue un hombre que sufrió con paciencia, en silencio, todas las calamidades físicas y morales que se abatieron sobre él. Era, en suma, la encarnación de la bondad, la indulgencia y la lealtad, todo ello sin la menor afectación.

Kafka no era una figura de la literatura contemporánea que tarde o temprano pasa de moda, sino una vida humana que pervive, que sirve de ejemplo, una intensa manifestación de la luz a la que acompaña un reconfortante calor humano y una claridad meridiana. Hombres de este temple no mueren nunca y son necesarios, mucho más en épocas caracterizadas por la tendencia a transformar la desesperación en impulsos puramente autodestructivos, o en abandonarse a la droga y a la inanición.

CAPÍTULO XV
DE LA ALEGORÍA A LA LEYENDA

Dijo Jean-Paul Sartre sobre Kafka:
«De Kafka no tengo nada que decir, sino que es uno de los escritores más raros y más grandes de estos tiempos.»

Los secretos de Kafka

Entre los borradores que Kafka le ordenó a Max Brod destruir después de su muerte, figuraban sus dos grandes obras inacabadas: *El Proceso* y *El Castillo*.

Ambas le sirvieron a Kafka para pasar de la expresión simbólica a la alegórica. Los otros textos kafkianos son la expresión fascinante de la más profunda obsesión humana, aquella que le causan su inestabilidad y su soledad. *El Proceso* y *El Castillo* dan la impresión de ser la suma de esa obsesión.

Estos libros debían quedar inconclusos, si no materialmente, en caso de haber vivido Kafka más tiempo, al menos sí simbólicamente. En realidad, están construidos para resumir el conjunto de los fracasos humanos, para ser la imagen de una Suma inacabada.

Que un hombre llegue a una aldea para ir a un castillo próximo a fin de desempeñar las funciones de agrimensor y que, por una serie de equívocos y misterios, de ocasiones aparentemente fallidas y de prohibiciones incomprensibles, jamás llegue a ese castillo, es una historia ridícula; un espíritu brutal y grosero, o sea lo más opuesto a Kafka, se preguntaría por qué, al verse sin medios de transporte, después de no obtener de los habitantes del castillo ninguna indicación de la hora en que le esperan, ese hombre no sube resueltamente la colina por sus propios medios, aunque sólo sea para pedir explicaciones.

De igual manera, si a Joseph K., en *El Proceso*, se le informa de que es acusado, pero no halla jueces ni instructores ni abogados, un espíritu fuerte deduciría que el proceso no existe, y trataría de mixtificadores a los que le hablasen del mismo.

No es preciso insistir en el arte de Kafka, para hacer aceptar una pesadilla lúcida y simbólica.

Ya había manifestado este arte en escritos anteriores, y es precisamente ese arte el que sus imitadores no logran dominar. Pues no es a modo de un cuento que pretende ser alucinante la manera cómo Kafka confiere credibilidad al mundo absurdo en que se debaten sus personajes.

La fascinación que se desprende de las obras de Kafka es la de los objetos intermedios entre lo cotidiano y lo extraordinario, que los surrealistas han intentado construir a veces: un mundo racional pero que ha dejado de ser natural, superpoblado y jerarquizado en exceso, pero en el que el individuo siempre está solo.

Todo sigue siendo familiar, y Joseph K. discute de su proceso con su patrona y con una vecina de pensión. Pero este universo cotidiano es falso, puesto que todo lo que en el mismo sucede es incomprensible, y sobre todo las órdenes o indicaciones, fragmentarias, que los subalternos transmiten de parte de autoridades desconocidas e incognoscibles.

Los mitos esotéricos

En oposición a las alegorías esotéricas de que abusó la literatura medieval, *El Proceso* y *El Castillo* son mitos esotéricos. Responden a la necesidad de traducir a términos artísti-

126

En este tiempo su trabajo en la Compañía de Seguros le obligaba a escribir de noche con perjuicio para su salud.

127

cos cierto número de temores y enigmas fundamentales de la condición humana: la ausencia de una ley o de una justicia que determinen el sentido de la vida, y el sentimiento de culpabilidad que resulta de ello en el hombre.

Kafka volvió a encontrar el secreto que habían perdido los aficionados a los enigmas: que la presentación de un enigma debe ser enigmática también, ambigua en grado sumo.

Por consiguiente, no es posible explicar estos textos que son, no la alegoría de una doctrina, sino la alegoría de un enigma. Son, desde luego, esotéricos, en el sentido de que comentarlos para hallar en los mismos una interpretación siempre resultará pueril. Están construidos para provocar sucesivamente todas las interpretaciones, siendo insuficiente cada una de ellas, y también en su suma, por cuanto la interpretación privilegiada y definitiva no existe en absoluto por la sencilla razón de que Kafka no la conocía y sólo escribía tales textos para mostrar lo inalcanzable.

Por lo tanto, sólo es posible recordar las «fuentes» y las coincidencias que la historia literaria, la ingeniosidad y la parcialidad de los comentaristas han descubierto ante esos mitos.

El gran testigo de Kafka, su amigo Max Brod, vio en *El Castillo* inaccesible el misterio del gobierno de Dios y de la Gracia; en El proceso un símbolo de la impenetrable justicia divina.

Estas dos interpretaciones no son falsas e incluso parecen demasiado evidentes; pero tienen el defecto de querer poner en claro lo que Kafka pretendió, deliberadamente, presentar como un enigma insoluble. Y en cambio, son efectivamente los temas de la Justicia y de la Gracia de los que Kafka se había nutrido.

Otras interpretaciones de la obra de Kafka

John Kelly vio en las dos grandes alegorías kafkianas unas obras escatológicas, cuyo tema son las relaciones del hombre con Dios, lo que es tanto como adoptar el mismo principio interpretativo de Max Brod.

A eso añadió una aproximación interesante con el teólogo calvinista Karl Barth: para Kafka, como para Barth, la vida humana no podría ser un camino hacia Dios, por lo cual es absurda y caótica.

El hombre no se salva por sus obras, sino que es preciso que sea llamado, escogido, elegido, y la angustia de los personajes de Kafka es el miedo, la casi certidumbre de no participar en la elección.

Muchas otras interpretaciones, menos espiritualistas, tienen un sentido sorprendente: la impresión de maldición y absurdidad que pesa sobre los protagonistas de las dos grandes novelas, que podría dar sencillamente la expresión simbólica, a través de una sensibilidad afinada, refinada y nerviosa, del sentimiento opresivo que causa la enfermedad y la condena a muerte que esa enfermedad comporta.

También es posible una interpretación económico-social: K. y Joseph K. vagan y charlan en un mundo burocrático que es la sociedad burguesa tal como se la representa un pequeño empleado. Kafka no hizo, en ese caso, más que traducir a términos alucinatorios la impresión inherente del mundo y de culpabilidad personal que forma la psicología de un pequeño burócrata.

Mas no hay en todo esto más que precedentes o coincidencias: explicaciones de las que cada una tiene el inconveniente de ser ofrecida como exclusiva o primordial.

Por lo demás, a este racionalismo que exige una explicación única y determinante, el arte de un lado y el esoterismo por otro, que se hallan unidos precisamente en Kafka, han opuesto siempre creaciones y mitos cuyo principio es que, a imagen de la realidad, son polivalentes, explicables de varias maneras distintas.

De este modo, las grandes alegrías de Kafka no son interpretaciones de la existencia, sino imágenes de la misma existencia.

La reducción al absurdo

No es posible afirmar que el problema del sentido de la vida no tenga solución. Es preciso decir, más exactamente, que nunca ha podido formularse con precisión cosa mucho peor.

Hay ecuaciones insolubles, pero también hay, de forma más grave, cosas en que ni tan sólo se puede plantear una ecuación.

El error de los filósofos consiste en pretender dar la ecuación que permitiría buscar el sentido de la vida, tras de lo cual, si no están demasiado encerrados en sí mismos, reconocen que tal ecuación carece de raíces.

Después de Kierkegaard y después de los místicos negativos, Kafka añadió algo a la filosofía: no demostró que el problema sea insoluble, sino únicamente que el problema no puede plantearse con claridad. Y es éste, a no dudarlo, el verdadero tema o meollo, de *El Proceso* y *El Castillo*.

Esta actitud, que puede llamarse de «reducción al absurdo», de un problema informulable, y que en Kafka adopta una forma artística, o sea patética y no filosófica, se dio ya en lo que se denominó «teología negativa», que arranca de Orígenes, se manifestó en el Pseudo Dionisio Aeropagita, y después en el Maestro Eckardt.

Consiste, a grandes rasgos, en definir todo lo que Dios no es, para sondear el misterio de la Divinidad, y puesto que no podemos saber lo que Dios es, llegar evidentemente a una especie de vacío-pleno que es nuestra impotencia para conocer a Dios, y nuestro sentimiento de su plenitud incognoscible.

Kafka reaccionó análogamente ante otro misterio: el del sentido de la existencia, problema mucho más moderno, en la medida que, desde el Maestro Eckardt, los problemas han descendido del cielo a la tierra.

El sentido de la vida

Dentro de una fábula alegórica, los protagonistas buscan el sentido y la lógica de la existencia para descubrir interminablemente que carece de ellos en absoluto, y que no pueden ser dados en bloque y con sencillez.

Esto es definir el valor y la lógica de la vida por lo que no son, sabiendo que lo que son permanece inalcanzable, indefinible, perfectamente cuestionable:

> *Nos incumbe ahora obtener el negativo; el positivo ya nos ha sido dado.*

(*Cuadernos,* 10 noviembre 1917.)

El sentido de la vida, que es un problema moderno, está aquí planteado como lo fue por los clérigos y los místicos medievales el misterio del conocimiento de Dios: por eliminación de las soluciones falsas hasta el absurdo, hasta la angustia. Por lo demás, es sabido que Kafka conocía perfectamente al Maestro Eckardt e igualmente la Kábala judía, que es en gran parte el origen de la teología negativa.

El profetismo literario

Uno de los misterios de la creación literaria, del profetismo literario, es que los genios representativos aparecen en una época dada, sin proponérselo.

El universo de Kafka, tal como aparece a posteriori, es la expresión de un desorden que, después de la muerte de sistemas e ilusiones, se sitúa en el primer decenio de la entreguerra, en el momento en que Julien Green escribía *Adrienne Mesurat* y *Minuit*, y Graham Greene, *L'Homme et lui même*.

Pero no fue hasta 1927, con Kafka, ya muerto, que se descubrió la absurdidad y la fantasmagoría, que debían parecer a los hombres de aquella época como la revelación de su angustia y del vacío del mundo... pero Kafka esto ya lo había averiguado en 1917.

Históricamente, no es la desesperación de la generación expresionista, posterior a 1920, la que inspiró a Kafka, sino la de la generación posnaturalista, pesimista o simbolista, hacia 1900, o acaso antes. Es como una imaginación sombría, lejanamente inspirada en el romanticismo alemán.

La poesía simbolista, decía Moréas «es enemiga de lo didáctico, de lo declamatorio, de la falsa sensibilidad, de la descripción objetiva», oponiéndose así a todo género de realismo, positivismo o espíritu científico y centrándose en una concepción del mundo como misterio; para llegar a él, el poeta altera la inteligibilidad, disminuye el rigor de las relaciones lógicas y hace de su obra algo «sugestivo», que penetra en los dominios del ensueño y del subconsciente.

A partir de 1885, los simbolistas que reconocían como maestros a Verlaine y a Mallarmé, entraron en una fase de intensa actividad que duró unos doce años, durante los cuales desempeñaron un importante papel los poetas belgas en lengua francesa entre los que sobresale Maeterlinck. La herencia de los simbolistas fue recogida por importantes escritores como Claudel, Valéry y Apollinaire, conectando a través de algunos de ellos con los primeros movimientos vanguardistas. El simbolismo se desarrolló de manera simultánea en las letras y en las artes plásticas.

Toda la obra de Kafka posee una fuerte carga simbólica, producto al mismo tiempo de la experiencia vivida y de la triple lección de Goethe, Strindberg y Flaubert. Como decía el también malogrado gran novelista francés Albert Camus: «La vida y la obra de Kafka tienen en común que lo ofrecen todo y no aseguran nada»; concibe la existencia como un combate, pero perdido de antemano.

CAPÍTULO XVI
KAFKA, FUTURISTA

Como todos los escritores proféticos, Kafka parece hablar de la época que le siguió. En este sentido resulta dificilísimo achacar a la «influencia» de Kafka todos los temas kafkianos que se han impuesto entre 1924 y la época actual.

Es cierto que pueden hallarse concomitancias superficiales en la medida en que el surrealismo contemplaba asimismo el otro lado del mundo.

En Michel Leiris y en Henry Michaux, por ejemplo, y posteriores al surrealismo, se halla también un mundo mecánico y cruel. *Monsieur Plume* recuerda involuntariamente los primeros ensayos de Kafka, ya que la vida también aquí está recortada en fragmentos pequeños y el hombre «descerebrado» como *Descripción de un combate* o en *La colonia penitenciaria*. Mme. Maja Goth muestra justamente la semejanza entre el artefacto de torturar de *La Colonia* con la máquina de Marcel Duchamp en *La mariée mise a nu par ses célibataires même*.

No hablemos de Jean Ferry que, abiertamente y como discípulo suyo, hizo de Kafka, pero sí encontramos un ambiente muy kafkiano en libros como *L'Accident*, de Armand Hoog.

Maurice Blanchot, aunque con un estilo más perfilado, hunde la conciencia en una absurdidad aún más sorprendente que la incoherencia kafkiana, en la que todo se destruye.

En cuanto a la ausencia de Dios y la angustia del hombre sólo en una expectativa a la que nadie responde, Samuel

Beckett ofreció imágenes patéticas y poderosas. No hay que conocer su *Esperando a Godot*..., obra que con toda seguridad ofrece tantas interpretaciones como espectadores asistan al teatro a presenciarla, lo que da muestras de su gran fuerza al no decir nada.

Ionesco, por su parte, indica la pequeña tontería de la conversación humana ante misterios que la sobrepasan.

Tras lo cual, de analogía en analogía, descubriríamos el juego del pie forzado, siendo la intención de Nathalie Serratu, en definitiva, casi opuesta a la de Kafka.

Es preciso, por lo tanto, desconfiar de este juego demasiado fácil, y pensar que Kafka pareció hablar de todo el mundo, del ser humano en general, de su condición actual y de su porvenir.

Así es como, sin dejar de ser jamás otra cosa que el profeta irónico de su propia vida, se convirtió en el profeta infalible de una época que parece poner su máximo celo en parecerse al universo fantástico de sus cuentos.

Milagro de la clarividencia poética, sin duda, pero más aún un milagro de un rigor espiritual que no acepta ningún salto, ningún apoyo, ningún alto en las consoladoras regiones del ideal de segunda mano.

Si Kafka entregó un mensaje universal, si su obra fue profética, su palabra es tanto más poderosa por cuanto no habla de lo universal y no apunta a la profecía.

Partiendo de hechos localizados, particulares, subjetivos en extremo, es cierto que su genio alcanza de repente, sin esfuerzo y sin ruido, el drama universal del pensamiento, pero esto sólo en virtud de una gracia, la de la humildad que, al fin y al cabo, debe considerarse como el mayor secreto de su arte.

Kafka, en efecto, clausura a nivel literario el gran circuito del individualismo, inaugurado por Rabelais en el siglo XVI. Ciertamente, el núcleo de esa significación se completa con las grandes y definitivas obras de Joyce y Musil: ya no son

En el año 1917, durante sus segundos esponsales con Felicia Bauer.

137

los héroes agresivos y potentes que se abaten sobre el mundo, sino los personajes perplejos y disminuidos en la epopeya de todos los días los que aparecen en las obras de Kafka: *La Metamorfosis*, *El Proceso* o *El Castillo*.

Y la simple inicial de sus apellidos encarna ese desvanecimiento paulatino del héroe, que pronuncia la disolución de la etapa posterior, pero que tiene como contraparte su fracasada aspiración de trascendencia.

Para nosotros, contemporáneos de Kafka en realidad, nos es imposible delimitar su influjo, que posiblemente sea tema de una tesis en el futuro. Sólo es posible hoy día atestiguar y medir la sombra

poderosa e inmensa que Kafka proyecta sobre nuestra vida literaria, sobre nuestros pensamientos y sobre nuestra sensibilidad.

CAPÍTULO XVII
CHARLAS CON FRANZ KAFKA

(Extraído de los recuerdos de Gustav Janouch.)

En el transcurso de mi visita siguiente, le pregunté a Kafka:

—¿Va usted todavía a casa del carpintero de Jarolinenthal?

—¿Sabía usted que iba?

—Mi padre me lo contó.

—No, hace tiempo que no voy a verle. Mi estado de salud ya no me lo permite. ¡Su Majestad el cuerpo!

—Comprendo. El trabajo en un taller polvoriento no es nada grato.

—Ah, se equivoca usted. Me gusta el trabajo en un taller; el olor a la madera cepillada, el canto de la sierra, los golpes de martillo, todo me encantaba. La tarde transcurría como si nada. La llegada de la noche me dejaba estupefacto.

—Seguramente, se sentía usted muy fatigado.

—Me sentía fatigado pero también muy feliz.Nada hay más hermoso que un oficio propio, palpable, de utilidad general. Además de la carpintería, ya me he ocupado de jardinería y he trabajado en una granja. Todo esto me resultaba mucho más hermoso y de un precio mucho mayor que el duro trabajo en el ministerio. Parece como si trabajar así hace de uno algo más elevado, algo mejor, pero no se trata más que de una apariencia. En realidad, está uno solo y, por lo tanto, más desdichado. El trabajo intelectual arranca al hombre de la comunidad humana. Un oficio, en cambio, conduce al hombre hacia los hombres. ¡Lástima que no pueda ya trabajar en el taller o en el jardín!

—No obstante, ¿no pensará abandonar el empleo que tiene aquí?

—¿Por qué no? He pensado en marcharme, como agricultor o como artesano, a Palestina.

—¿Y todo lo de aquí lo abandonaría?

—Todo, para encontrar en la seguridad y la belleza una vida de sentido más rico.

—¿Conoce al poeta Paul Adler?

—Unicamente conozco su libro *La flauta mágica*.

—Está en Praga con su mujer y sus hijos.

—¿Qué profesión ejerce?

—No, no ejerce ninguna profesión. ¡Sólo tiene una vocación! Va con mujer e hijos de un amigo al otro. Un hombre y un poeta libre. Cuando me encuentro con él siento remordimientos ante la idea de que ahogo mi vida en una existencia de funcionario.

En mayo de 1921 escribí un soneto que Ludwig Winder hizo publicar en el suplemento dominical de *Bohemia*.

En esa ocasión, me dijo Kafka:

—Describe usted al poeta como un hombre de una admirable grandeza, cuyos pies tocan esta tierra, mientras la cabeza desaparece en las nubes. Se trata, sin duda, de una imagen corriente en el cuadro de la convención pequeño-burguesa. Pero eso no es más que una ilusión nacida de oscuros deseos que no tienen la menor relación con la realidad. Lo cierto es que el poeta es siempre más pequeño y más débil que la medianía de la sociedad. Por ese motivo siente de manera mucho más intensa, con mucha mayor fuerza que los demás hombres, el peso de su presencia en el mundo. Su canto no es para él, personalmente, más que un grito. Para el artista, el arte es un sufrimiento por medio del cual se libera en vista de un nuevo padecimiento. No es un gigante, sino antes bien un pájaro más o menos abigarrado, preso en la jaula de su existencia.

—¿También usted? —le pregunté.

—No, yo soy un pájaro absolutamente imposible —respondió Kafka—. Soy una corneja, una «kavka». El carbonero de Teinhof tiene una. ¿No la ha visto usted?

—Sí. Va y viene frente a su tienda.

—Sí, mi pariente tiene mejor suerte que yo. Cierto es que le han cortado las alas. Pero en mi caso ello no era necesario, pues mis alas están muy esmirriadas. Razón por la cual no existen para mí ni altura ni lejanía. Desorientado, voy saltando entre los hombres. Me miran con desconfianza. ¿No soy acaso un pájaro peligroso, un ladrón, una corneja? Pero se trata sólo de apariencias. En realidad, me falta el sentido de los objetos brillantes. Y por este motivo no tengo bellas plumas, negras y relucientes. Soy gris como la ceniza, una corneja que aspira a desaparecer entre las piedras. Pero bromeo para que usted no se dé cuenta de hasta qué punto hoy me siento mal.

Franz Kafka me obsequió un breve escrito redactado por Carlos Dallago sobre Sören Kierkegaard.

Y entonces me dijo:

—Kierkegaard se ve frente al siguiente problema: o bien gozar estéticamente del ser, o bien hacer de él una experiencia moral. Me parece que de ese modo el problema está planteado de una manera falsa. Equivale a dividir lo que ha sido hecho para estar unido. El dilema sólo existe en la cabeza de Sören Kierkegaard. En realidad, sólo se llega al goce estético del ser por medio de una experiencia moral y sin orgullo. Pero no se trata aquí sino de una impresión general o personal, y del momento, que tal vez abandonaré luego de un examen más concienzudo.

Más adelante, Lydia Holmer me prestó la voluminosa novela *Gaspar Hauser o la pereza del corazón*, de Jacob Wassermann.

Fue entonces cuando Kafka observó:

—Ya hace tiempo que el Gaspar Hauser de Wassermann no es más que un niño expósito. Ahora ha sido legitimado, está incorporado al mundo, registrado en la policía, es contribuyente. Cierto es que ha renunciado a su antiguo nombre. Ahora se llama Jacob Wassermann y es novelista alemán y poseedor de casas de recreo. En secreto, él también sufre de la pereza del corazón que provoca en él remordimientos de conciencia. Pero los sabe transformar en prosa bien pagada y todo ocurre para bien en el mejor de los mundos.

Le relaté a Kafka la representación de dos piezas de teatro de estilos totalmente distintos; una de Walter Hasenclever, la otra de Arthur Schnitzler, que había visto en el «Nuevo Teatro Alemán».

—No fue un espectáculo bien equilibrado —dije al concluir mi informe—. El expresionismo de una de esas obras penetraba en el realismo de la otra y viceversa. Sin duda, no han destinado demasiado tiempo a los ensayos.

—Quizá —afirmó Kafka—. La situación del teatro alemán en Praga es muy difícil. En su conjunto, se trata de un gran complejo de obligaciones financieras y humanas, a cuya disposición no existe un público de una importancia correspondiente. Es una pirámide sin base. Los actores se hallan sometidos a directores de escena a las órdenes de una dirección general responsable de la elección. Es una cadena a la que le falta el elemento que la cerraría y mantendría el todo. No existe aquí una auténtica germanidad y, por consiguiente, tampoco un público regular con el que poder contar. Los judíos de lengua alemana que ocupan los palcos y las plateas no son alemanes, y los estudiantes alemanes que vienen a

Praga y ocupan las galerías no son más que las avanzadas de una potencia en marcha; los enemigos, no los espectadores. Es, desde luego, imposible que en tales condiciones se puedan realizar verdaderas representaciones artísticas. Las fuerzas se agotan en tareas secundarias; lo que resta no es más que esfuerzo, fatiga, que casi nunca alcanzan esa meta que es una acción bien a punto. Por eso no voy ya al teatro. Resulta demasiado triste.

Le presté a Kafka una adaptación alemana del libro religioso hindú *Bhagavad-ghîta*.

—Siento —dijo él—, que los libros religiosos me atraen y a la vez me repelen. Poseen dentro de sí algo que atrae y repele como los venenos. Todos esos yoguis y magos dominan la vida sometida a la Naturaleza, no por medio de un ardiente amor a la libertad, sino por un odio glacial e inexpresado a la vida. La fuente de los ejercicios religiosos hindúes es un pesimismo de una profundidad infinita.

En otra ocasión, recordé el interés que Schopenhauer experimentaba por la filosofía de la India.

—Schopenhauer —declaró Kafka—, es un artista del lenguaje. De ahí nace su pensamiento. Es preciso leerlo, aunque no sea más que por su lengua.

Kafka echóse a reír cuando vio en mi casa un pequeño volumen de poesías de Michel Mares.

—Le conozco —confirmó—. Es un furioso anarquista. El *Pager Tagerblatt* lo conserva como objeto de curiosidad.

—¿No toma usted en serio a los anarquistas checos?

—Esa es una pregunta muy complicada —sonrió Kafka, evidentemente turbado—, pues esa gente que se califica a sí misma de anarquistas son tan amables y tan amistosos que uno se ve obligado a creer en todas sus palabras. Pero precisamente a causa de esas cualidades no se llega a creer que sean en verdad los destructores de mundos, que ellos pretenden ser.

—¿Los conoce, pues, personalmente?

—Un poco. Son unos hombres muy amables y muy alegres.

Otro día nos referimos a Baudelaire.

—Poesía es enfermedad —sentenció Kafka—. Mas no basta con reducir la fiebre para estar sano. Al contrario, el ardor purifica e ilumina.

Le presté a Kafka la traducción checa de los *Recuerdos sobre León Nikolaeivitch Tolstoi*, de Máximo Gorki.

—Es conmovedor —dijo Kafka— ver cómo Gorki reprodujo los rasgos del carácter de un hombre sin expresar ningún juicio sobre el mismo. Me gustaría leer un día las notas que tomó sobre Lenin.

Un día, cité una frase extraída del libro de Grusemann respecto al autor de *Demonios (Los Endemoniados)*: «Dostoievski es un cuento de hadas sangriento.»

Franz Kafka dijo al respecto:

—No existen más que cuentos de hadas sangrientos. Todo lo que se cuenta sobre las hadas ha surgido de las profundidades de la sangre y del miedo. En ello consiste el parentesco de todos los cuentos. Sólo difieren en apariencia. Los cuentos nórdicos no están tan llenos de una fauna lujuriante como los cuentos africanos, pero el núcleo, la profundidad del deseo, son los mismos.

Más adelante, otro día, Kafka me aconsejó leer los cuentos populares africanos recopilados por Frobemius.

Opinión de Kafka sobre Heine:

—Fue un ser desdichado. Los alemanes le reprocharon el hecho de ser judío, y no obstante, es un alemán, e incluso un pequeño alemán en conflicto con el judaísmo. Por lo demás, esto es lo que hay de típicamente judío en él.

Al hablar de libros recientemente publicados, la charla recayó en el último libro de Emil Ludwig.

—Me parece tan... tan poco judío —comentó Kafka—. Y, sin embargo, su verdadero nombre es Emil Ludwig Cohn, y es originario de Breslau, de una antigua familia judía. Sin duda es lo que en él hay de berlinés lo que me aleja de él.

Mi padre me regaló en mi aniversario unos poemas de George Trakl.

Franz Kafka me contó que para huir de los horrores de la guerra, Trakl se había suicidado, ingiriendo un veneno.

—Deserción en la muerte —observé.

—Poseía demasiada imaginación. Por eso no puedo soportar esa guerra, nacida ante todo de una espantosa falta de imaginación.

CAPÍTULO XVIII

LO QUE OPINARON CUATRO MAESTROS SOBRE KAFKA

Max Brod

La descripción del hombre supuestamente común y que jamás tuvo nada que ver con lo común para Kafka, la llevó a cabo en nombre de ese hombre, no con una finalidad interesada, sino por amor hacia uno.

Un misántropo, un desesperado, no habría tenido jamás ni el deseo ni la fuerza de imitar el *habitus* exterior de todas estas extrañas criaturas que hormiguean sobre la tierra con precisión tan minuciosa, y a veces, a la luz de las más sorprendentes asociaciones.

No es con un corazón frío e indiferente cómo el poeta vuelve ante nosotros las páginas del enorme álbum donde las siluetas tropiezan, saltan, se levantan, y se encorvan. Habla a cada uno de los personajes que dibuja, por más locos que sean a menudo, con el mismo tono con que un día apostrofa a sus sueños: «¿Por qué alzan ustedes los brazos en lugar de ceñirme con ellos?»

Thomas Mann

Aunque tenga el aire de un Novalis de Europa oriental, Kafka no es, según mi opinión, ni un romántico ni un poeta seráfico ni un místico.

Para ser un romántico, se muestra demasiado preciso, demasiado realista, demasiado atado a la acción simple y natural en esta vida.

Para ser un poeta seráfico, tiene demasiada inclinación a lo cómico; una comicidad extraña y muy complicada.

Por lo que atañe al misticismo, sin duda ha afirmado, en una conversación con el antropófoso Rudolf Steiner, que conocía por su trabajo ciertos «estados de videncia», descritos por éste; de igual modo, comparó su literatura con «una nueva doctrina secreta, una Kábala».

Mas el olorcillo de la trascendencia, el salto de lo sensible a lo suprasensible, la «voluptuosidad del infierno», el lecho nupcial de la tumba, todos estos elementos del misticismo trivial o auténtico, no son seguramente de su competencia.

No cabe la menor duda de que el *Tristán e Isolda*, de Wagner; *Los himnos a la noche*, de Novalis, su amor por la difunta Sofía, tenían para él pocos atractivos. La nostalgia de ese soñador no iba dirigida a la flor azul que se abre en algún lugar del reino místico, sino a las «delicias de la trivialidad».

André Gide

Releo *El Proceso*, de Kafka, con una admiración aún más viva, si es posible, que cuando descubrí ese prestigioso libro. Por hábil que sea el prefacio de Groethuysen, no me satisface en absoluto; nos informa de manera muy insuficiente acerca del propio Kafka.

Su libro escapa a toda explicación racional; el realismo de sus pinturas invade sin cesar el campo de la imaginación, y no sabría decir qué es lo que más admiro: la notación «naturalista» de un universo fantástico, pero que la minuciosidad de sus pinturas sabe hacer real a nuestros ojos, o la segura

En Praga, durante el año 1922, en un intermedio entre sus estancias en sanatorios.

audacia de sus desviaciones hacia lo extraño. En todo esto hay mucho que aprender.

La angustia que exhala ese libro resulta, por momentos, casi intolerable, pues ¿cómo no decirse sin cesar: ese ser acosado soy yo?

Jean-Paul Sartre

De Kafka nada tengo que decir, sino que es uno de los escritores más raros y más grandes de esta época. Además, fue el primero en llegar; la técnica que eligió responde en él a una necesidad. Si nos muestra la vida humana perpetuamente turbada por una trascendencia imposible, ello se debe a que cree en la existencia de esa trascendencia.

Sencillamente, Kafka se halla fuera de nuestro alcance. Su universo es a la vez fantástico y rigurosamente auténtico.

CAPÍTULO XIX

LA METAMORFOSIS

Ofrecemos al lector de esta biografía unos fragmentos del libro posiblemente más leído de Franz Kafka, *La Metamorfosis*, pues, aparte de ser de muy amena lectura y no demasiado largo, nos ofrece una visión casi panorámica de toda su obra. Esto no quiere decir que con haber leído únicamente *La Metamorfosis* podamos afirmar que conocemos a Kafka, pero sí nos habremos acercado lo suficientemente a él como para poder tener una correcta imagen de uno de los pocos hombres que ha dado pie a transformar su apellido en un adjetivo muy popular: «kafkiano».

Cuando despertó Gregorio Samsa una mañana, después de haber tenido un sueño intranquilo, se encontró en su cama transformado en un monstruoso insecto. Se hallaba echado sobre el duro caparazón de su espalda, y, al alzar un poco la cabeza, vio la figura convexa de su vientre oscuro, surcado por curvadas callosidades, cuya prominencia apenas si podía aguantar la colcha, la cual estaba a punto de escurrirse hasta el suelo. Innumerables patas, lamentablemente escuálidas en comparación con el grosor ordinario de sus piernas, ofrecían a su vista el insólito espectáculo de una agitación sin consistencia.

—¿Qué me ha ocurrido?

No soñaba, no. Su habitación, una habitación auténtica, aunque excesivamente reducida, aparecía como de costum-

bre entre sus cuatro harto conocidas paredes. Presidiendo la mesa, sobre la que se esparcía un muestrario de paños, pues Samsa era un viajante de comercio, colgaba una estampa hacía poco recortada de una revista ilustrada y puesta en un bonito marco dorado. Esta estampa representaba a una señora tocada con un gorro de pieles, envuelta en una boa también de pieles y que, muy erguida, esgrimía contra el espectador un amplio manguito, también de piel, dentro del cual desaparecía todo su antebrazo.

Gregorio dirigió luego la mirada hacia la ventana; tiempo nublado, sintiéndose repiquetear en el cinc del alféizar las gotas de lluvia, le infundieron una gran melancolía.

«Bueno —pensó—, ¿qué sucedería si siguiese durmiendo un rato y me olvidase de todas las fantasías?»

Pero era esto del todo punto irrealizable, pues Gregorio tenía la costumbre de dormir sobre su lado derecho, y su actual estado no le permitía adoptar tal postura. Y aunque se empeñaba en permanecer sobre el lado derecho, volvía a caer forzosamente de espaldas. Mil veces intentó sin éxito esta operación; cerró los ojos para no tener que observar aquel rebullicio de las piernas, que no cesó hasta que un dolor leve y punzante a la vez, un dolor jamás sentido hasta aquel momento, empezó a aquejarle en el costado.

«¡Ay, Dios! —se dijo entonces—. ¡Qué cansada es la profesión que he escogido! Un día sí y otro también de viaje. La preocupación de los negocios es mucho mayor cuando se trabaja fuera que cuando se trabaja en el almacén, y no hablemos de esta plaga de los viajes: cuidarse de los enlaces de los trenes; la comida es mala o irregular; con relaciones que cambian de continuo y no duran nunca, que no llegan a ser nunca verdaderamente cordiales, y en las que el corazón no puede tomar parte alguna. ¡Al diablo con todo!»

Notó una leve picazón en el vientre. Lentamente, fue estirándose sobre la espalda, alargándose en dirección a la cabecera, para poder alzar mejor la cabeza. Vio que el sitio que le escocía estaba cubierto de unos puntitos blancos, los cuales no supo explicarse. Se quiso aliviar tocando el lugar del escozor con una pierna; pero tuvo que retirarla inmediatamente, pues el roce le producía escalofríos.

«Estos madrugones —se dijo— le entontecen a uno por completo. El hombre necesita dormir lo justo. Hay viajantes que se dan una vida de harenes. Cuando regreso a media mañana a la fonda para anotar los pedidos, me los encuentro muy bien sentados, desayunándose. Si yo, con el jefe que tengo, pretendiera hacer lo mismo, me vería en el acto de patitas en la calle. Y ¿quién sabe si esto no sería lo más conveniente para mí? Si no fuera por mis padres, ya hace tiempo que me hubiera despedido. Me hubiese presentado ante el jefe y, con toda mi alma, le hubiera manifestado mi forma de pensar. ¡Se cae de la mesa! Que también tiene lo suyo eso de sentarse encima de la mesa para, desde aquella altura, hablar a los empleados, que han de acercársele mucho pues es muy sordo. Pero, lo que es la esperanza, todavía no la he perdido. En cuanto tenga reunida la cantidad justa para pagarle la deuda de mis padres —unos cinco o seis años todavía—, ¡vaya si lo haré! Y, entonces, sí que me redondeo. Bien; pero, por ahora, lo que tengo que hacer es levantarme, que el tren sale a las cinco.

Volvió los ojos hacia el reloj-despertador, que dejaba oír su «tic-tac» sobre el baúl.

«¡Dios Santo!», exclamó para sí.

Eran las seis y media, y las saetillas seguían avanzando tranquilamente. Es decir, ya era más. Las manecillas estaban casi a menos cuarto. ¿Acaso no había sonado el despertador? Desde la cama se podía ver que, efectivamente, estaba puesto en las cuatro; por lo tanto, tenía que haber sonado. Pero, ¿era posible seguir durmiendo impertérrito, a pesar de aquel sonido que conmovía hasta a los mismos *muebles? No había tenido un sueño tranquilo. Mas, por lo mismo, posiblemente había sido tanto más profundo. Y ¿qué hacía él ahora? El siguiente tren salía a las siete; así, para cogerlo, tenía que darse una prisa desmesurada. El muestrario todavía no estaba empaquetado, y, por último, él mismo no se sentía nada dispuesto. Además, aunque lograra alcanzar el tren, no por ello evitaría la filípica del amo, pues el mozo del almacén, que habría bajado al tren de las cinco, debía de haber dado cuenta ya de su falta. Era el tal mozo una hechura del amo, sin consideración ni dignidad. ¿Y si dijera que estaba enfermo, qué pasaría? Aunque esto, además de ser muy desagradable, infundiría sospechas, pues Gregorio, en los cinco años que llevaba empleado, ni una sola vez había estado enfermo. Rápidamente vendría el del seguro principal con el médico del Montepío. Se desataría en reproches, delante de sus padres, respecto a la holgazanería del hijo, y cortaría todas las objeciones alegando el dictamen del galeno, para el cual todos los hombres están siempre sanos y sólo padecen de terror al trabajo. Y lo cierto es que, en este caso, su opinión no habría carecido completamente de fundamento. Salvo cierta somnolencia, desde luego superflua después de tan prolongado sueño, Gregorio se sentía admirablemente, con un hambre particularmente grande.*

Mientras pensaba y meditaba de forma atropellada, sin poderse decidir a abandonar la cama, y justo en el momento en que el despertador señalaba las siete menos cuarto, llamaron levemente a la puerta, que estaba junto a la cabecera de la cama.

—Gregorio —pronunció una voz, que era de la madre—, son las siete menos cuarto. ¿No tenías que marcharte de viaje?

¡Qué voz más dulce y agradable! Gregorio se horrorizó, en cambio, al oír la suya propia, que era la de siempre, sí, pero que salía mezclada con un irreprimible y doloroso pitido,

en el cual las palabras, claras al principio, se confundían luego, resonando de forma que no estaba uno seguro de haberlas oído. Gregorio hubiera querido contestar dilatadamente, explicarlo todo; pero, sin embargo, en vista de todo, se limitó a decir:

—Sí, sí. Gracias, madre. Ya me levanto.

A través de la puerta de madera, la mutación de la voz de Gregorio no se debió de notar, pues la madre se tranquilizó con esta respuesta y se retiró. Pero este corto diálogo hizo saber a los demás miembros de la familia que Gregorio, en contra de lo que se creía, se hallaba todavía en la casa. Llegó el padre a su vez y, golpeando ligeramente la puerta, llamó:

—¡Gregorio, Gregorio! ¿Qué sucede? —esperó un momento y volvió a insistir—: ¡Gregorio, Gregorio!

Mientras tanto, detrás de otra puerta, la hermana se lamentaba dulcemente:

—Gregorio, ¿no te encuentras bien? ¿Precisas algo?

—Ya estoy listo —contestó Gregorio a ambos a un tiempo, aplicándose a pronunciar, y hablando con gran lentitud, para disimular el sonido inaudito de su voz.

Regresó el padre a su desayuno, pero la hermana continuó musitando:

—Abre, Gregorio, te lo suplico.

Pero en eso no pensaba Gregorio, ni mucho menos, felicitándose, por el contrario, de aquella precaución suya —contraída en los viajes— de encerrarse en su cuarto por la noche, incluso en su propia casa.

Lo primero era levantarse tranquilamente, arreglarse sin ser interrumpido y, sobre todo, desayunar. Sólo después de realizado todo esto pensaría en lo demás, pues comprendía de sobra que en la cama no podía pensar nada a derechas. Recordaba haber sentido ya frecuentemente en la cama cierto dolorcillo, producido, sin duda, por alguna postura incó-

moda, y que, *una vez levantado, resultaba ser obra de su ima-*
ginación; y sentía curiosidad por ver cómo habrían de des-
vanecerse paulatinamente sus imaginaciones de hoy. No
dudaba tampoco lo más mínimo de que el cambio de voz era
sencillamente el preludio de un resfriado descomunal, enfer-
medad profesional del viajante de comercio.

Arrojar la colcha lejos de sí era cosa bastante sencilla. Le
bastaría para ello con abombarse un poco: la colcha caería
por sí sola. Pero la dificultad estribaba en la extraordinaria
anchura de su cuerpo. Para incorporarse, podía haberse ayu-
dado de los brazos y las manos; pero, en su lugar, tenía ahora
innumerables patas en constante agitación y le era imposi-
ble hacerse con su control. Y el caso es que él quería incor-
porarse. Se estiraba; lograba por fin dominar una de sus
patas; pero, entre tanto, las demás proseguían su libre y dolo-
rosa agitación.

«No conviene hacer el zángano en la cama», pensó
Gregorio.

Primero intentó sacar del lecho la parte inferior del cuerpo.
Pero esta parte inferior —que, por cierto, no había visto aún,
y que, por tanto, le era imposible representarse en su exacta
conformación— resultó ser demasiado difícil de mover. La
operación se inició muy despacio. Gregorio, frenético ya,
concentró su energía y, sin más preludios, se arrastró hacia
delante. Pero calculó mal la dirección y se dio un golpe tan
tremendo contra los pies de la cama, que el dolor que esto
le produjo le demostró, con su agudeza, que aquella parte
inferior del cuerpo era quizás, en su nuevo estado, la más
sensible. Intentó, así, sacar primero la parte superior, y vol-
vió cuidadosamente la cabeza hacia el borde del lecho. Esto
no ofreció mayor dificultad y, no obstante su anchura y su
peso, todo el cuerpo siguió por fin, aunque lentamente, el
movimiento iniciado por la cabeza. Pero, al verse con ésta
colgando en el aire, le entró miedo de seguir avanzando de

igual forma, porque, dejándose caer así, era necesario un verdadero milagro para mantener intacta la cabeza; y ahora menos que nunca quería Gregorio perder el sentido. Antes prefería permanecer en la cama.

Pero cuando, después de realizar a la inversa los mismos esfuerzos, se halló de nuevo en la misma posición y volvió a ver sus patas presas de una mayor excitación que antes, si cabe, comprendió que no disponía de forma alguna para remediar aquel absurdo, por lo que volvió a pensar que no debía seguir en la cama y que lo más razonable era arriesgarlo todo, aunque únicamente le quedase una minúscula esperanza. Pero al momento recordó que mucho mejor que tomar decisiones extremas era meditar serenamente. Sus ojos se clavaron con fuerza en la ventana; mas, desgraciadamente, la vista de la niebla que aquella mañana ocultaba por completo el lado opuesto de la calle, poca esperanza y escasos ánimos le infundían.

«Las siete ya —se dijo al oír de nuevo el despertador—. ¡Las siete, y todavía sigue la niebla!»

Permaneció echado durante unos momentos, inmóvil y respirando quedo, como si esperase volver en el silencio a su estado normal.

Pero, poco a poco, pensó:

«Antes de que den las siete y cuarto es imprescindible que me haya levantado. Sin contar que, mientras tanto, vendrá seguramente alguien del almacén a preguntar por mí, ya que allí abren antes de las siete.»

Y se dispuso a salir de la cama, balanceándose cuan largo era. Se dejaría caer, de esta forma, la cabeza, que tenía el firme propósito de mantener firmemente erguida, saldría posiblemente sin daño alguno. La espalda parecía tener bastante resistencia: no le pasaría nada al dar con ella en la alfombra. Sólo le hacía vacilar el temor al estruendo que esto habría de producir, y que sin duda daría lugar, detrás de cada puerta, cuando no a un susto, por lo menos a una inquietud. Pero no quedaba más remedio que afrontar esta perspectiva.

Ya estaba Gregorio a medias fuera de la cama —el nuevo método parecía más bien un juego que un trabajo, pues sólo implicaba el balancearse siempre hacia atrás—, cuando cayó en la cuenta de que todo sería más sencillo si alguien viniera en su ayuda. Con dos personas robustas —y pensaba en su padre y en la criada—, bastaría. Unicamente tendrían que pasar los brazos por debajo de su abombada espalda, desenfundarle del lecho y, agachándose luego con la carga, permitirle estirarse por completo en el suelo, en donde era de imaginar que las patas demostrarían su razón de ser. Ahora bien, y prescindiendo de que las puertas estaban cerradas, ¿le convenía realmente pedir ayuda? A pesar de lo apurado de su situación, no pudo por menos de sonreírse.

Había adelantado ya tanto, que un solo balanceo, más pronunciado que los anteriores, bastaría para hacerle perder casi completamente el equilibrio. Además, muy pronto no le quedaría más remedio que tomar una decisión, pues sólo faltaban ya cinco minutos para las siete y cuarto. En esto, llamaron a la puerta de la casa.

«Seguro que es alguien del almacén», pensó Gregorio, quedando de pronto en suspenso, mientras sus patas seguían balanceándose cada vez más rápidamente. No se oyó nada más.

«No abren», pensó entonces, asiéndose a tan descabellada esperanza. Pero, como no podía por menos de ocurrir, se sintieron aproximarse a la puerta las fuertes pisadas de la criada. Y la puerta se abrió. Le bastó a Gregorio oír la primera palabra pronunciada por el visitante para cerciorarse de quién era. El principal en persona. ¿Por qué estaría Gregorio condenado a trabajar en una casa en la cual la más mínima ausencia despertaba inmediatamente las más trágicas sospechas? ¿Acaso los empleados, todos en gene-

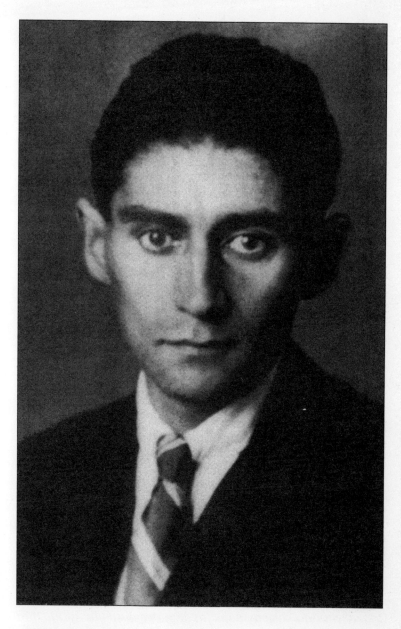

Kafka, poco antes de sufrir su última crisis de laringitis tuberculosa.

ral y cada uno en particular, no eran sino unos pillos? ¿Es que no podía haber entre ellos algún hombre de bien que, después de perder aunque sólo fuese un par de horas de la mañana, se volviera loco de remordimiento y no se hallase en condiciones de abandonar la cama? ¿Acaso no bastaba con mandar a preguntar, por medio de un chico, en el supuesto de que tuviese fundamento esta manía de averiguar, sino que era preciso que viniese el mismísimo principal a enterar a toda una inocente familia de que sólo él tenía calidad para intervenir en la investigación de tan tenebroso asunto? Y Gregorio, más bien sobreexcitado por esos pensamientos que ya decidido a ello, se arrojó enérgicamente de la cama. Se oyó un golpe sordo, pero no podría calificarse propiamente de estruendo, pues la alfombra amortiguó la caída. La espalda tenía mayor elasticidad de lo que Gregorio había supuesto, y esto evitó que el ruido fuese tan espantoso como había temido. Pero no tuvo cuidado suficiente de mantener la cabeza demasiado erguida; se hirió y el dolor le hizo restregarla rabiosamente contra la alfombra.

—Ha ocurrido algo ahí dentro —dijo el principal en la habitación de la izquierda.

Gregorio intentó imaginar que al principal pudiera sucederle algún día lo mismo que hoy a él, probabilidad ciertamente muy admisible. Pero el principal, como contestando brutalmente a esta suposición, dio con energía unos cuantos pasos por la habitación vecina, haciendo crujir sus botas de charol. Desde la habitación contigua de la derecha, susurró la hermana la siguiente noticia:

—Gregorio, que ahí está el principal.

—Ya lo sé —contestó Gregorio para sus adentros. Pero no osó levantar la voz hasta el punto de hacerse oír por su hermana.

—Gregorio —se oyó por fin al padre desde la habitación contigua de la izquierda—. Gregorio, ha venido el señor principal y pregunta por qué no te has marchado en el primer tren. No sabemos qué debemos contestarle. Además, su deseo es hablar personalmente contigo. Así que haz el favor de abrir la puerta. El señor principal tendrá la bondad de disculpar el desorden del cuarto.

—¡Buenos días, señor Samsa! —terció amablemente el principal.

—No se encuentra bien —intervino la madre, dirigiéndose al principal mientras el padre continuaba hablando junto a la puerta—. No está bueno, créame usted, señor principal. ¿Cómo, si no, iba Gregorio a perder el tren? Si el chico no tiene otra cosa en la cabeza más que el almacén. ¡Si casi me molesta que no salga ninguna noche! Esta vez, por ejemplo, ha estado ocho días aquí; pues bien, ¡no ha salido de casa ni una sola noche! Se sienta con nosotros, haciendo corro alrededor de la mesa, lee el periódico sin decir palabra o estudia itinerarios. Su única distracción consiste en trabajos de carpintería. En dos o tres veladas ha tallado un marquito. Cuando lo vea usted, se va a asombrar, de lo precioso que es. Ahí está colgado, en su cuarto; ya lo verá usted en seguida, en cuanto abra Gregorio. Por otra parte, celebro verle a usted, señor principal, pues nosotros solos nunca hubiéramos podido decidir a Gregorio a abrir la puerta. ¡Es más tozudo! Seguramente no se encuentra bien, aunque antes dijo lo contrario.

—Voy en seguida —exclamó lentamente Gregorio, circunspecto y sin moverse para no perder palabra de la conversación.

—De otra forma, no sabría explicármelo, señora —contestó el principal—. Es de esperar que no será nada serio. Aunque, por otro lado, no tengo más remedio que decir que nosotros, los comerciantes, desgraciada o afortunadamente, como se quiera, tenemos a la fuerza que saber sufrir a menudo ligeras indisposiciones, anteponiendo a todo los negocios.

—Bueno —preguntó el padre, impacientándose y volviendo a llamar a la puerta—: ¿puede entrar ya el señor principal?

—No —contestó Gregorio.

En la habitación contigua de la izquierda reinó un silencio lleno de tristeza, y en la habitación contigua de la derecha comenzó a sollozar la hermana.

Pero, ¿por qué no iba a reunirse con los demás? Cierto es que acababa de levantarse y que ni siquiera había empezado a vestirse. Pero ¿por qué lloraba? Quizá porque el hermano no se levantaba, porque no hacía pasar al principal, porque corría el peligro de perder su colocación, con lo cual el amo volvería a atormentar a los padres con las deudas de antaño. Pero éstas, por el momento, eran preocupaciones completamente gratuitas. Gregorio estaba todavía allí, y no pensaba ni remotamente en abandonar a los suyos. De momento, yacía sobre la alfombra, y nadie que conociera el estado en que se encontraba hubiera pensado que podía dejar entrar en su habitación al principal. Pero esta pequeña descortesía, que más adelante sabría de seguro explicar satisfactoriamente, no era motivo suficiente para despedirle sin demora. Y Gregorio pensó que, por el momento, mucho mejor que molestarle con llantos y discursos era dejarle en paz. Mas la incertidumbre en que se hallaban respecto a él era precisamente lo que aguijoneaba a los otros, disculpando su actitud.

—Señor Samsa —dijo finalmente el principal con voz campanuda—, ¿qué significa esto? Se ha atrincherado usted en su habitación. No responde más que sí o no. Inquieta usted grave e inútilmente a sus padres y, dicho sea de paso, falta a su obligación en el almacén de una forma ciertamente inaudita. Le hablo a usted aquí en nombre de sus padres y de su jefe, y le ruego muy en serio que se explique inmediata y claramente. Estoy asombrado; yo le tenía a usted por un hombre formal y juicioso, y no parece sino que ahora, de repente, *quiere usted hacer gala de incomprensibles extravagancias. Cierto que el jefe me insinuó esta mañana una posible explicación de su falta: se refería al cobro que se le encomendó a usted hiciese anoche efectivo, pero yo casi empeñé mi palabra de honor de que esta explicación no venía al caso. Pero, ahora, ante esta incomprensible testarudez, no me quedan ya ganas de seguir interesándome por usted. Su posición no es, ni con mucho, muy segura. Mi intención era decirle a usted todo esto a solas; pero, como usted tiene a bien hacerme perder el tiempo de forma inútil, no veo ya por qué no han de enterarse también sus señores padres. En estos últimos tiempos su trabajo ha dejado bastante que desear. Cierto que no es ésta la época más propicia para los negocios; nosotros mismos lo reconocemos. Pero, señor Samsa, no hay época, no debe haberla, en la que los negocios queden completamente detenidos.*

—Señor principal —gritó Gregorio, fuera de sí, olvidándose en su excitación de todo lo demás—. Voy inmediatamente, voy al momento. Una ligera indisposición, un desvanecimiento, ha impedido levantarme. Pero ahora ya me siento completamente despejado. Ahora mismo me levanto. ¡Un momento de paciencia! Todavía no me encuentro tan bien como creía. Pero ya estoy mejor. ¡No se entiende cómo le pueden suceder a uno estas cosas! Ayer noche estaba yo tan bien. Sí, mis padres lo saben. Mejor dicho, ya ayer por la tarde tuve una especie de presentimiento. ¿Cómo no me lo habrán notado? Y, ¿por qué no lo diría yo en el almacén? Pero siempre cree uno que podrá pasar la enfermedad sin necesidad de permanecer en casa. ¡Señor principal, tenga consideración con mis padres! No hay motivo para todos los reproches que me hace usted ahora; nunca me han dicho nada de eso. Sin duda, no ha visto usted los últimos pedidos que he conseguido. Por lo demás, saldré en el tren de las ocho. Este par de horas de descanso me han dado fuerzas.

No se detenga usted más, señor principal. En seguida voy al almacén. Explique usted allí esto; se lo suplico; así como que presente mis respetos al jefe.

Y mientras pronunciaba atropelladamente este discurso, sin saber apenas lo que decía, Gregorio, gracias a la soltura ya adquirida en la cama, se aproximó fácilmente al baúl e intentó enderezarse apoyándose en él. Quería efectivamente abrir la puerta, dejarse ver por el principal y hablar con él. Sentía curiosidad por saber qué dirían cuando le vieran los que con tanta insistencia le llamaban. Si se asustaban, Gregorio se encontraba desligado de toda responsabilidad y no tenía por qué temer. Si, por el contrario, se quedaban tan tranquilos, tampoco él tenía por qué excitarse, y podía, dándose prisa, estar realmente a las ocho en la estación. Varias veces se escurrió contra las lisas paredes del baúl; pero, al fin, un último brinco le puso en pie. De los dolores en el vientre, aunque muy vivos, no se cuidaba. Se dejó caer contra el respaldo de una silla cercana, a cuyos bordes se agarró fuertemente con sus patas. Logró también recobrar el dominio de sí mismo, y calló para escuchar lo que decía el principal.

—¿Han entendido ustedes una sola palabra? —preguntaba éste a los padres de Gregorio—. ¿No será que se está haciendo el loco?

—¡Por el amor de Dios! —exclamó la madre, llorando—. Quizá se siente muy mal y nosotros le estamos mortificando —y, seguidamente, llamó—: ¡Grete, Grete!

—¿Qué, madre? —contestó la hermana desde el otro lado de la habitación de Gregorio, a través de la cual hablaban.

—Tienes que ir en seguida en busca del médico; Gregorio está malo. Ve corriendo. ¿Has oído cómo hablaba ahora Gregorio?

—*Es una voz de animal* —*dijo el principal, que hablaba en voz extraordinariamente baja, comparada con el griterío de la madre.*

—*¡Ana, Ana!* —*llamó el padre, volviéndose hacia la cocina a través del recibidor y dando palmadas*—. *Vaya inmediatamente a buscar a un cerrajero.*

Ya se oía por el recibidor el rumor de las faldas de las dos jóvenes que salían corriendo (¿cómo se habría vestido tan de prisa la hermana?), y ya se oía abrir bruscamente la puerta del piso. Pero no se escuchó ningún portazo. Debieron de dejar la puerta abierta, como suele pasar en las casas en donde ha ocurrido una desgracia.

Gregorio, sin embargo, se hallaba ya mucho más tranquilo. Cierto es que sus palabras resultaban ininteligibles, aunque a él le parecían harto claras, más claras que antes, sin duda porque ya se le iba acostumbrando el oído. Pero lo esencial era que ya se habían percatado los demás de que algo insólito le ocurría y se disponían a acudir en su ayuda. La decisión y firmeza con que fueron tomadas las primeras disposiciones le aliviaron. Se sintió nuevamente incluido entre los seres humanos, y esperó de los dos, del médico y del cerrajero, indistintamente, acciones maravillosas a la vez que extrañas. Y, a fin de poder intervenir lo más claramente posible en las conversaciones decisivas que se aproximaban, carraspeó ligeramente, forzándose a hacerlo muy levemente, por miedo a que también este ruido sonase a algo que no fuese una tos humana, cosa que ya no tenía seguridad de poder distinguir. Entre tanto, en la habitación contigua, reinaba un profundo silencio. Quizá los padres, sentados junto a la mesa con el principal, cuchicheaban con éste. Quizás estaban todos pegados a la puerta escuchando.

Gregorio deslizóse lentamente con el sillón hacia la puerta; cuando llegó allí, abandonó el asiento, se arrojó contra aquélla y se sostuvo en pie, agarrado, pegado a ella por la vis-

cosidad de sus patas. Descansó así un rato del esfuerzo realizado. Después intentó con la boca hacer girar la llave dentro de la cerradura. Por desgracia, no parecía tener lo que propiamente llamamos dientes. ¿Con qué iba entonces a coger la llave? Pero, en cambio, sus mandíbulas eran muy fuertes, y sirviéndose de ellas pudo poner la llave en movimiento, sin reparar en el daño que se hacía, pues un líquido oscuro le salió de la boca, resbalando por la llave y goteando al suelo.

—Escuchen ustedes —dijo el principal en el cuarto inmediato—; está dando vueltas a la llave.

Estas palabras alentaron mucho a Gregorio. Pero todos, el padre, la madre, debían haberle gritado: «¡Adelante, Gregorio!» Sí, debían haberle gritado: «¡Siempre adelante! ¡Duro con la cerradura!» E, imaginando la ansiedad con que todos seguirían sus esfuerzos, mordió con toda su alma en la llave, medio desfallecido. Y, a medida que ésta giraba en la cerradura, él se sostenía, meciéndose en el aire, colgado por la boca, y, conforme era necesario, se agarraba a la llave o la empujaba hacia abajo con todo el peso de su cuerpo. El sonido metálico de la cerradura, cediendo por fin, le volvió completamente en sí. «Bueno —pensó, exhalando un suspiro de alivio—, no ha sido necesario que venga el cerrajero», y permaneció con la cabeza en el pestillo para acabar de oír.

Esta forma de abrir la puerta fue causa de que, aunque franca ya la entrada, todavía no se le viese. Primero hubo que girar lentamente contra uno de los batientes de la puerta, con gran cuidado para no caerse bruscamente de espaldas en el umbral. Y todavía estaba ocupado en llevar a cabo tan difícil movimiento, sin tiempo para pensar en otra cosa, cuando sintió un «¡oh!» del principal, que sonó como suena el mugido del viento, y vio a este señor, el más inmediato a la puerta, taparse la boca con la mano y retroceder lentamente, como impulsado mecánicamente por una fuerza invisible.

166

La madre —que a pesar de la presencia del principal, estaba allí despeinada, con el pelo enredado en lo alto de la cabeza—, miró primero a Gregorio, juntando las manos, avanzó luego dos pasos hacia él, y se desplomó por fin, en medio de sus faldas esparcidas en torno suyo, con el rostro oculto en las profundidades de su pecho.

El padre amenazó con el puño, con expresión hostil, cual si quisiera empujar a Gregorio hacia el interior de la habitación; se volvió luego, saliendo con paso inseguro al recibidor, y, cubriéndose los ojos con las manos, rompió a llorar de tal forma, que el llanto sacudía su robusto pecho.

Gregorio, pues, no llegó a penetrar en la habitación; desde el interior de la suya quedó apoyado en la hoja cerrada de la puerta, de tal forma que sólo presentaba la mitad superior del cuerpo, con la cabeza inclinada de medio lado, espiando a los concurrentes. En esto, había ido clareando, y en la acera opuesta se recortaba nítido un trozo del edificio negruzco de enfrente. Era un hospital, en cuya monótona fachada rompían simétricas ventanas. La lluvia no había cesado, pero caía ya en goterones aislados, los cuales se veían llegar distintamente al suelo. Sobre la mesa estaban los utensilios del servicio del desayuno, pues, para el padre, ésta era la comida principal del día, que gustaba de prolongarse con la lectura de varios periódicos. En el lienzo de pared que daba justo enfrente a Gregorio, colgaba un retrato de éste, realizado durante su servicio militar, y que le representaba vestido con uniforme de teniente, con la mano puesta en la espalda, sonriendo despreocupadamente, con un aire que parecía exigir respeto para su indumentaria y su actitud. Esta habitación daba al recibidor; por la puerta abierta se veía la de la casa, también abierta, el rellano de la escalera y el arranque de esta última, que conducía a los pisos inferiores.

—Bueno —dijo Gregorio, completamente convencido de ser el único que conservaba la serenidad—. Bueno, me visto al momento, recojo el muestrario y salgo de viaje. ¿Me permitiréis que salga de viaje, verdad? Ea, señor principal, ya ve usted que no soy testarudo y que trabajo con verdadero gusto. Viajar es cansado; pero yo no sabría vivir sin viajar. ¿Adónde va usted, señor principal? ¿Al almacén? ¿Sí? ¿Lo contará todo tal como ha ocurrido? Puede uno tener un momento de incapacidad para el trabajo; pero entonces es precisamente cuando deben acordarse los jefes de lo útil que uno ha sido y pensar que, una vez pasado el impedimento, volverá a ser tanto más activo y trabajará con mayor empeño. Yo, como usted sabe perfectamente, le estoy muy obligado al jefe. Por otro lado, también tengo que atender a mis padres y a mi hermana. Cierto que hoy me encuentro en un grave aprieto. Pero trabajando sabré salir de él. Usted no me haga la cosa más difícil de lo que ya es. Póngase de mi lado. Ya sé yo que al viajante no se le quiere. Todos creen que gana el dinero a espuertas, y que además se da la gran vida. Cierto es que no hay ninguna razón especial para que este prejuicio desaparezca. Pero usted, señor principal, usted está más enterado de lo que son las cosas que el resto del personal, incluso, y dicho sea en confianza, que el propio jefe, quien, en su calidad de amo, se equivoca con frecuencia respecto de un empleado. Usted sabe muy bien que el viajante, como está fuera del almacén la mayor parte del año, es fácil pasto de habladurías y víctima propicia de coincidencias y quejas infundadas, contra las cuales no le es cómodo defenderse, ya que la mayoría de las veces no llegan a su conocimiento, y que únicamente al volver reventado de un viaje es cuando empieza a notar directamente las funestas consecuencias de una causa invisible. Señor principal, no se vaya sin decirme algo que me pruebe que me da usted la razón, al menos en parte.

Mas, desde las primeras palabras de Gregorio, el princi-
pal había dado media vuelta, y contemplaba a aquél por
encima de su hombro, convulsivamente agitado por una mueca
de asco en la boca. Mientras Gregorio hablaba, no perma-
neció un momento sosegado. Se retiró hacia la puerta sin
quitarle los ojos de encima, pero muy lentamente, como si
una fuerza misteriosa le impidiese abandonar aquella estan-
cia. Por fin llegó al recibidor, y ante la prontitud con que alzó
por última vez el pie del suelo, se diría que había pisado
fuego. Alargó el brazo derecho en dirección a la escalera,
como si esperase encontrar milagrosamente allí la libertad.

Gregorio comprendió que no debía de ninguna forma
dejar marchar al principal en ese estado de ánimo, pues de
otro modo su puesto en el almacén estaba seriamente ame-
nazado. No lo comprendían los padres tan bien como él,
pues, en el transcurso de los años, habían llegado a hacerse
la ilusión de que la posición de Gregorio en aquella casa
sólo podía terminar con su vida; además, con la inquietud
del momento, y sus consiguientes quehaceres, se habían
olvidado de toda prudencia. Pero no así Gregorio, que se
daba cuenta de que era indispensable retener al principal,
apaciguarle, convencerle, conquistarle. De ello dependía
el porvenir de Gregorio y de los suyos. ¡Si tan siquiera estu-
viese ahí la hermana! Era muy lista; había llorado cuando
todavía yacía Gregorio tranquilamente sobre la espalda.
De seguro que el principal, galante con el bello sexo, se
hubiera dejado llevar por ella a donde ella hubiera que-
rido. Habría cerrado la puerta de la casa y le habría qui-
tado el susto en el mismo recibidor. Pero no estaba Grete,
y Gregorio pensó que tenía que arreglárselas solo. Y, sin
pensar que aún no conocía sus nuevas facultades de movi-
miento, ni tampoco que lo más probable, e incluso lo más
seguro, era que no habría logrado darse a comprender con
su discurso, abandonó el batiente de la puerta en que se

apoyaba, se deslizó por el hueco formado en la abertura de la otra, con intención de avanzar hacia el principal, que seguía cómicamente agarrado a la barandilla del rellano. Pero inmediatamente cayó en tierra, intentando, con inútiles esfuerzos, sostenerse sobre sus innumerables y diminutas patas, y exhalando un ligero quejido. Inmediatamente se sintió, por primera vez en aquel día, invadido por un verdadero bienestar: las patitas, apoyadas en el suelo, le obedecían perfectamente. Lo notó con la natural alegría, y vio que se esforzaban en llevarle allí donde él deseaba ir, dándole la sensación de haber llegado al fin de sus sufrimientos. Pero, en el preciso momento en que Gregorio, a causa del movimiento contenido, se balanceaba a ras de tierra, no lejos y enfrente de su madre, ésta, no obstante encontrarse tan sumida en sí, dio de pronto un brinco y se puso a gritar, extendiendo los brazos y separando los dedos: «¡Socorro! ¡Por el amor de Dios! ¿Socorro!» Inclinaba la cabeza como para ver mejor a Gregorio; mas, de pronto, como para desmentir este supuesto, se desplomó hacia atrás, cayendo inerte sobre la mesa, y no habiendo recordado que todavía estaba puesta, quedó sentada en ella, mientras a su lado el café chorreaba de la cafetera volcada, derramándose por la alfombra.

—¡Madre! ¡Madre! —murmuró Gregorio, mirándola de abajo arriba. Por un momento, se esfumó de su memoria el principal; y no pudo por menos, ante el café vertido, de abrir y cerrar repetidas veces las mandíbulas en el vacío. Un nuevo alarido de la madre, que huyendo de la mesa, se arrojó en brazos del padre, que corría a su encuentro. Pero ya no podía Gregorio dedicar su atención a sus padres; el principal estaba en la escalera y, con la barbilla apoyada sobre la barandilla, dirigía una última mirada a aquel cuadro. Gregorio tomó impulso para darle alcance, pero él algo debió figurarse, pues, de un salto, bajó varios escalones y

Sus padres, a quienes Kafka escribió una larga carta la víspera de su muerte, le sobrevivieron varios años.

171

desapareció, no sin antes proferir unos gritos que resonaron por toda la escalera. Para colmo de desdicha, esta fuga del principal pareció trastornar también por completo al padre, que hasta entonces se había mantenido relativamente sereno; pues, en lugar de precipitarse tras el fugitivo, o por lo menos permitir que así lo hiciese Gregorio, empuñó con la diestra el bastón del principal —que éste no se había preocupado de recoger, como tampoco su sombrero y su gabán, olvidados en una silla—, y, armándose con la otra mano de un gran periódico, que estaba sobre la mesa, se preparó, dando fuertes patadas en el suelo, esgrimiendo papel y bastón, a hacer retroceder a Gregorio hasta el interior de su cuarto. De nada le sirvieron a éste sus súplicas, que no fueron comprendidas; y, por mucho que volvió sumiso la cabeza hacia su padre, sólo consiguió hacerle redoblar su enérgico pataleo. La madre, por su parte, a pesar del tiempo desapacible, había bajado el cristal de una de las ventanas y, violentamente inclinada hacia fuera, se cubría la cara con las manos. Entre el aire de la calle y el de la escalera se estableció una corriente fortísima; las cortinas de la ventana se ahuecaron; sobre la mesa los periódicos se agitaron, y algunas hojas sueltas volaron por el suelo. El padre, inexorable, apremiaba la retirada con silbidos salvajes. Pero Gregorio carecía todavía de práctica en la marcha hacia atrás, y la cosa iba muy despacio. ¡Si siquiera hubiera podido volverse! En un dos por tres se hubiese encontrado en su habitación. Pero temía, con su lentitud en dar la vuelta, impacientar a su padre, cuyo bastón erguido amenazaba deslomarle o abrirle la cabeza. Finalmente, sin embargo, no tuvo más remedio que volverse, pues advirtió con rabia que, caminando hacia atrás, le era imposible conservar su dirección. Así que, sin dejar de mirar angustiosamente a su padre, inició una vuelta lo más rápidamente que pudo, o sea, con extraordinaria lentitud.

172

El padre debió de notar su buena voluntad, pues dejó de acosarle, dirigiendo incluso de lejos con la punta del bastón el movimiento giratorio. ¡Si al menos hubiera cesado ese irresistible silbido! Esto era lo que a Gregorio le hacía perder por completo la cabeza. Cuando ya iba a terminar la vuelta, aquel silbido le equivocó, haciéndole retroceder otro poco.

Por fin logró verse frente a la puerta. Pero entonces comprendió que su cuerpo era demasiado ancho para franquearla sin más. Al padre, en aquella su actual disposición de ánimo, se le ocurrió naturalmente abrir el otro batiente de la puerta para dejarle espacio suficiente. Una sola idea le absorbía: que Gregorio debía meterse cuanto antes en su cuarto. Tampoco hubiera permitido él nunca los enojosos preparativos que Gregorio necesitaba para incorporarse y, así, pasar por la puerta. Como si no existiese para esto ningún impedimento, empujaba, pues, a Gregorio con estrépito creciente. Gregorio sentía tras de él una voz que parecía imposible fuese la de un padre. ¡Cualquiera se andaba con bromas! Gregorio —pasase lo que pasase— se apretujó en el marco de la puerta. Se irguió de medio lado; ahora yacía atravesado en el umbral, con su costado completamente deshecho. En la nitidez de la puerta se imprimieron unas manchas repulsivas. Gregorio quedó allí atascado, imposibilitado en absoluto de hacer por sí solo el menor movimiento. Las patitas de uno de los lados colgaban en el aire, y las del otro eran dolorosamente prensadas contra el suelo... En esto, el padre le dio por detrás un golpe enérgico y liberador, que lo precipitó dentro del cuarto, sangrando. Luego, la puerta fue cerrada con el bastón, y todo volvió a la tranquilidad.

(...)

Y en tal estado de apacible meditación e insensibilidad permaneció hasta que el reloj de la iglesia dio las tres de la madrugada. Todavía pudo vivir aquel comienzo del alba que despuntaba detrás de los cristales. Luego, a pesar suyo, su cabeza se hundió por completo y su hocico despidió débilmente su último aliento.

A la mañana siguiente, cuando entró la asistenta —daba tales portazos, que en cuanto llegaba ya era imposible descansar en la cama, a pesar de las infinitas veces que se le habían rogado otras maneras— para hacer a Gregorio la breve visita de costumbre, no halló en él, al principio, nada de particular. Supuso que permanecía así, inmóvil, con toda intención, para hacerse el enfadado, pues le consideraba capaz del más completo discernimiento. Por casualidad llevaba en la mano el deshollinador, y quiso hacerle con él cosquillas a Gregorio desde la puerta.

Al ver que tampoco con esto lograba nada, se irritó a su vez, empezó a pincharle y, únicamente después que le hubo empujado sin encontrar ninguna resistencia, se fijó en él, y, percatándose al punto de lo sucedido, abrió desmesuradamente los ojos y dejó escapar un silbido de sorpresa. Pero no se detuvo mucho tiempo, sino que, abriendo bruscamente la puerta de la alcoba, lanzó a voz en grito en la oscuridad:

—¡Fíjense ustedes, ha reventado! ¡Ahí le tienen, lo que se dice reventado!

Los señores Samsa se incorporaron en el lecho matrimonial. Les costó gran trabajo sobreponerse al susto, y tardaron bastante en comprender lo que de tal guisa les anunciaba la asistenta. Pero una vez comprendido esto, bajaron al punto de la cama, cada uno por su lado y con la mayor celeridad posible. El señor Samsa se echó la colcha por los hombros; la señora Samsa iba sólo cubierta con su camisón de dormir, y en este aspecto penetraron en la habitación de Gregorio.

Mientras, se había abierto también la puerta del comedor, en donde dormía Grete desde la llegada de los huéspedes. Grete estaba del todo vestida, como si no hubiera dormido en toda la noche, cosa que parecía corroborar la palidez de su rostro.

—¿Muerto? —dijo la señora Samsa, mirando interrogativamente a la asistenta, no obstante poderlo comprobar todo por ella misma, e incluso averiguarlo sin necesidad de comprobación alguna.

—Esto es lo que digo —respondió la asistenta, empujando todavía un buen trecho con la escoba el cadáver de Gregorio, como para probar la veracidad de sus palabras.

La señora Samsa hizo un movimiento como para detenerla, pero no la detuvo.

—Bueno —dijo el señor Samsa—, ahora podemos dar gracias a Dios.

Se santiguó, y las tres mujeres hicieron lo mismo.

Grete no apartaba la vista del cadáver:

—Mirad qué delgado estaba —comentó—. Cierto es que hacía ya tiempo que no probaba bocado. Así como entraban las comidas, así se las volvían a llevar.

El cuerpo de Gregorio aparecía, efectivamente, completamente plano y seco. De esto sólo se enteraban ahora, pues ya no lo sostenían sus patitas, y nadie apartaba de él la mirada.

—Grete, vente un ratito con nosotros —dijo la señora Samsa, sonriendo melancólicamente.

Y Grete, sin dejar de mirar hacia el cadáver, siguió a sus padres a la alcoba.

La asistenta cerró la puerta, y abrió la ventana de par en par. Todavía era muy temprano, pero el aire tenía ya, en su frescor, cierta tibieza. Se estaba justo a fines de marzo.

Los tres huéspedes salieron de su habitación y buscaron con la vista su desayuno.

—¿Y el desayuno? —preguntóle a la asistenta con mal humor el hombre que parecía ser el más autorizado de los tres.

Pero la asistenta, poniéndose el índice ante la boca, invitó silenciosamente, con señas enérgicas, a los hombres a entrar en la habitación de Gregorio.

Entraron, pues, y allí permanecieron, en el cuarto inundado de claridad, en torno al cadáver de Gregorio, con expresión desdeñosa y las manos hundidas en los bolsillos de sus algo raídos chaqués.

Entonces se abrió la puerta de la alcoba y apareció el señor Samsa, enfundado en su librea, llevando de un brazo a su mujer y del otro a Grete. Todos tenían trazas de haber llorado algo, y Grete ocultaba de vez en cuando el rostro contra el brazo del padre.

—Abandonen ustedes inmediatamente mi casa —dijo el señor Samsa, señalando la puerta, pero sin soltar a las mujeres.

—¿Qué quiere usted dar a entender con esto? —le preguntó el más autorizado de los hombres, un tanto desconcertado.

Los otros dos tenían las manos cruzadas a la espalda, y se las frotaban sin cesar una contra otra, como si esperasen gozosos una pelea cuyo resultado había de serles favorable.

—Intento dar a entender exactamente lo que digo —contestó el señor Samsa, avanzando con sus dos acompañantes en una sola línea hacia el huésped.

Este permaneció un instante callado y tranquilo, con la mirada fija en el suelo, como si sus pensamientos se fueran organizando en una nueva disposición dentro de su magín.

—En este caso, nos vamos —dijo, finalmente, mirando al señor Samsa, como si una fuerza repentina le impulsase a pedirle autorización incluso para esto.

(...)

Decidieron dedicar aquel día al descanso y a pasear: no sólo tenían bien ganada esta tregua en su trabajo, sino que les era completamente indispensable. Se sentaron, pues, a la mesa, y escribieron tres cartas disculpándose: el señor Samsa, a su jefe; la señora Samsa, al dueño de la tienda, y Grete, a su principal.

176

Cuando estaban ocupados en estos menesteres, entró la asistenta a decir que se iba, pues ya había terminado su trabajo de la mañana. Los tres siguieron escribiendo, sin prestarle atención, y se contentaron con hacer un signo afirmativo con la cabeza. Pero, al ver que ella no acababa de marcharse, levantaron los ojos, con enfado.

—¿Qué sucede? —preguntó el señor Samsa.

La asistenta permanecía sonriente en el umbral, como si tuviese que comunicar a la familia una felicísima nueva, pero indicando con su actitud que únicamente lo haría después de haber sido convenientemente interrogada. La plumita plantada derecha en su sombrero, y que ya molestaba al señor Samsa desde el instante en que había entrado aquella mujer a su servicio, se bamboleaba en todas las direcciones.

—Bueno, veamos, ¿qué desea usted? —preguntó la señora Samsa, que era la persona a quien más respetaba la asistenta.

—Pues —respondió ésta, y la risa no la dejaba seguir—, pues que no tienen ya que preocuparse respecto a cómo van a quitarse de en medio el trasto ése de ahí al lado. Está todo arreglado.

La señora Samsa y Grete se inclinaron otra vez sobre sus cartas, como para seguir escribiendo, y el señor Samsa, notando que la sirvienta iba a contarlo todo minuciosamente, la detuvo, extendiendo con energía la mano hacia ella.

La asistenta, al ver que no le permitían contar lo que traía preparado, se dio cuenta de que tenía mucha prisa.

—¡Queden ustedes con Dios! —dijo, visiblemente ofendida.

Dio media vuelta con gran irritación, y abandonó la casa dando un portazo terrible.

—Esta noche la despido —dijo el señor Samsa.

Pero no recibió contestación, ni de su mujer ni de su hija, pues la asistenta parecía haber vuelto a turbar aquella tranquilidad que acababan apenas de recobrar.

Madre e hija se levantaron y se dirigieron a la ventana, ante la cual permanecieron abrazadas. El señor Samsa hizo girar su butaca en aquella dirección, y estuvo observándolas un momento tranquilamente.

—Bien —dijo—, venid ya. Olvidad de una vez las cosas pasadas. Tened también un poco de consideración conmigo.

Las dos mujeres le obedecieron y corrieron hacia él; le acariciaron y terminaron de escribir.

Luego, salieron los tres juntos, cosa que no había ocurrido desde hacía meses, y tomaron el tranvía para ir a respirar el aire libre de las afueras. El tranvía, en el cual eran los únicos viajeros, se hallaba inundado de la cálida luz del sol.

Cómodamente recostados en sus asientos, fueron cambiando impresiones acerca del porvenir, y vieron que, bien pensadas las cosas, éste no se presentaba en tonos oscuros, pues sus tres colocaciones —sobre las cuales no se habían todavía interrogado claramente unos a otros— eran muy buenas, y, sobre todo, permitían abrigar para más adelante grandes esperanzas.

Lo que de momento más habría de mejorar la situación sería mudar de casa. Deseaban una casa más pequeña y más barata y, sobre todo, mejor situada y más práctica que la actual, que había sido escogida por Gregorio.

Y mientras así departían, se percataron casi simultáneamente el señor y la señora Samsa de que su hija, que pese a todos los cuidados perdiera el color en los últimos tiempos, se había desarrollado y convertido en una linda muchacha llena de vida.

Sin cruzar ya palabra, entendiéndose casi instintivamente con las miradas, se dijeron uno a otro que ya era hora de encontrarle un buen marido.

Y, cuando al llegar al término del viaje, la hija se levantó la primera y estiró sus formas juveniles, pareció cual si con-

firmase con ello los nuevos sueños y sanas intenciones de los padres.

Traducción de *Die Verwandlung*, 1915.

Cuando Kafka escribía en 1912 estas páginas, publicadas en 1915, sin duda alguna conocía el libro clásico también titulado *La Metamorfosis*, de Lucio Apuleyo, que vivió en el siglo II d. C. Y, sin duda, también conocía que el tema central del libro era la transformación de un hombre en un animal. Pero hasta allí permitió que llegaran las coincidencias, pues el protagonista de Kafka se despierta una mañana convertido en un escarabajo, mientras que el de Lucio Apuleyo, después de observar a una bruja untándose para convertirse en búho, quiere probar él también y se convierte en burro.

El relato de Kafka es angustioso y progresivamente desesperanzado.

Lo mejor de la primera parte de la obra es que esta familia, con el hijo transformado en un escarabajo-ciempiés, continúa haciendo su vida normal. Es el símbolo supremo del hábito, de la costumbre. Múltiples detalles nos informan de que esta asimilación no está exenta de tensiones, pero se aguanta. Sin embargo, la degradación de la familia es progresiva hasta el total deterioro final.

Por contra, Gregorio, a pesar de su muerte, es ensalzado: él es realmente el ser humano, pese a su caparazón de escarabajo, mientras que los miembros de la familia son insectos de verdad a pesar de su aspecto humano. Entre medio, mil situaciones surrealistas que hacen que el lector quede perplejo y le hacen esbozar una sonrisa en la cual se entremezclan el miedo y la ternura.

Finalmente, la familia se quitará de encima esa lacra —con la muerte de Gregorio—, y para ellos todo volverá a la normalidad, con la esperanza de mejorar en el futuro.

APÉNDICE

Kafka, prohibido y amnistiado

Cuando, en 1968, se produjo la invasión de Checoslovaquia por las fuerzas del pacto de Varsovia, además de la *primavera de Praga*, se llevó muchísimas otras cosas por delante.

Una de ellas fue anatematizar a Franz Kafka, que había muerto cuarenta y cuatro años antes. Posiblemente, sin saberlo, no hicieron otra cosa que contribuir por segunda vez a que se cumpliera la última voluntad del escritor que, como recordamos, deseaba que sus obras fueran quemadas.

Y lo hicieron, además de prohibirlo. Aunque lo peor del asunto es que ni tan sólo fueron originales, pues lo mismo hicieron los nazis unos treinta años antes. Los libros de Franz Kafka se añadieron a la Lista de Literatura Perjudicial e Indeseable y fueron quemados públicamente. La Gestapo requisó los documentos personales que pudo hallar del escritor e internó a sus tres hermanas en un campo de concentración, donde murieron.

Así es que la nueva desaparición literaria de Kafka llegó el 20 de agosto de 1968, cuando los soldados de la Unión Soviética, Polonia, Hungría, Bulgaria y la República Democrática Alemana decidieron terminar con la *primavera de Praga* de Dubcek.

Sin embargo, pasados veintiún años de larga y agónica espera, Franz Kafka fue amnistiado y los habitantes de Praga

181

pudieron asistir a gran cantidad de conferencias y seminarios sobre Kafka y su obra.

Y todo el mundo se pregunta: ¿qué tenía aquel hombre de frágil salud para que se fijaran tanto en él los represores de la libertad?

Kafka, como hemos podido extraer de las páginas anteriores, tuvo una vida personal desolada y desesperada, que estuvo marcada por su contradicción fundamental: quería ser escritor y no era más que un administrativo de seguros.

Había tenido unas relaciones tortuosas con dos mujeres: Felicia Bauer y Milena Jesenskâ-Pollaková. Pero, finalmente, había alcanzado una especie de estabilidad junto a Dora Dymant, su compañera de última hora.

> *En el último año de su vida, toda su existencia había tomado una dirección imprevista, un giro positivo y afortunado que desmentía su antiguo nihilismo y su antiguo autoodio.*

Esto lo escribió su fiel amigo Max Brod, en el epílogo a *El Proceso.*

Kafka, precisamente, había ordenado en una de sus cartas a Brod que destruyera toda su obra.

> *Mi querido Max, ésta es mi última voluntad: todo lo que pueda encontrarse en lo que queda tras de mí debe ser quemado sin ser leído y sin olvidarse de nada, como también todos los escritos o notas míos que poseas; y todos los que posean otros, se los reclamarás. Si sabes de cartas que no te quieran devolver, será preciso que se procure, cuando menos, quemarlas...*

Por suerte, como ya sabemos, Max Brod no cumplió con la última voluntad de Kafka y fue él mismo quien dio a conocer los textos inéditos de Kafka.

Hoy, por suerte, estos textos pueden ser leídos ya en el país que vio nacer a Franz Kafka.

CRONOLOGÍA

1883 — 3 de julio: nace en Praga Franz Kafka, en la esquina de la Karpfengasse con la Maiselgasse.

1889 — Empieza sus estudios en el colegio alemán del Masnytrh, y a continuación en el Staromestké Gymnasium, que era el mejor instituto de Praga.
— Vive sucesivamente con sus padres en el 36 de la Niklasstrasse, actualmente Parizska, y luego en la esquina de la Niklasstrasse y el Staromestké Namesti, cerca de la tienda de su padre, instalado en el palacio Kinsdy de la misma avenida.

1901 — Kafka inicia sus estudios de Derecho.
— Realiza una estancia breve en Munich.

1902 — Se inicia su gran amistad con Oscar Pollak y Max Brod.
— Va de vacaciones a Liboch y después a Zuckmantel.

1906 — Kafka se doctora en Derecho, el 18 de junio, en la universidad alemana de Praga; en octubre entra en una compañía de seguros como simple empleado.

— Pasa sus vacaciones en Trisch, en el domicilio de su tío, el doctor Siegfried Löwy.

1907 — Emprende sus primeros trabajos literarios: *Preparativos de boda en el campo, Descripción de un combate* y otros.
— Max Brod lo menciona en el semanario berlinés *Die Gegenwart.*

1908 — Kafka abandona la compañía de seguros, Assicurazioni Generali, y entra, para medio día, en otra compañía de seguros paraestatal, la Arbeiterunfal Velrsicherungsanstalt.
— Pasa a limpio sus primeros relatos.

1909 — Aparacen en *Hyperion*, revista de Franz Blei, unos extractos de *Descripción de un combate.*
— Va de vacaciones a los lagos de Italia con Max Brod.

1910 — Kafka empieza su *Diario.*
— En octubre, primer viaje a París con Max Brod.

1911 — Varios viajes a Prusia Oriental, Suiza, Italia y París.

1912 — Kafka comienza a escribir *El Desaparecido*, que es el primer esbozo de *América.* Luego, escribe *El Veredicto* y *La Metamorfosis.*
— Pasa la vacaciones en Weimar y en el Harz.
— Conoce a la señorita Felicia Bauer, «La Berlinesa».

1913 — Aparece en Rowohlt, *Contemplaciones*, y en mayo el primer capítulo de *América, Heizer, El Fogonero*.
— Viaja a Viena, Venecia y Riva.

1914 — Compromiso matrimonial en Berlín con Felicia Bauer, seguido de una primera ruptura.
— Viaja a Alemania del Norte.
— Comienza *El Proceso* y *La colonia penitenciaria*.
— Declaración de guerra y Kafka, como funcionario, no es movilizado.

1915 — Reanudación de sus relaciones con Felicia Bauer.
— Viaja a Hungría.
— Obtiene en octubre el premio Fontane por *El Fogonero*, tras el abandono de Sternheim.

1916 — Hay cambios de domicilio. Después de Kilkova y Dloudha Trida, Kafka emigra a Ulicka, en Praga.
— Vacaciones en Marienbad con Felicia Bauer.
— Escribe *El médico rural*.

1917 — Nuevo compromiso con Felicia Bauer y nueva ruptura.
— Contrae la tuberculosis, con el primer esputo de sangre en agosto. Licencia por enfermedad.
— Estudia hebreo y lee a Kierkegaard.
— Publica *Dos historias de animales*.

1918 — Estancia larga en Zürau. Vuelve a Praga.
— Escribe *Meditaciones, Aforismos* y empieza *La muralla china*.

187

1919 — Publica *Un médico rural* y *La colonia penitenciaria*.
— En Schlesen, en noviembre, escribe su *Carta al padre*.

1920 — Vacaciones y cura en Merano.

1921 — Se une a Milena Jesenská.
— Pasa el invierno en un sanatorio de los montes Tetra.
— Primer boceto de *El Castillo*.

1922 — Pasa este año en Praga y en el Báltico.

1923 — Kafka conoce a Dora Dymant en Muritz, la cual no le abandonará.
— Empieza en Berlín, *La Madriguera (Josefina la cantante)*, *Investigaciones de un perro*, *Un campeón de ayuno*.

1924 — Max Brod le acompaña a Praga.
— El padre de Dora Dymant se niega a dar el consentimiento para que su hija se case con Kafka.
— Kafka, ya moribundo, pasa de un sanatorio a otro: Wiener Wald, clínica Hajek, el sanatorio Kierlonk.
— Muere el 3 de junio.

ÍNDICE